Cahors
Oeuvre Henri Martin

Ya basta Aurélie Filippetti !

Ça suffit Aurélie Filippetti
Ministre de la Culture
en contrat avec un éditeur traditionnel

4

Stéphane Ternoise

Ya basta Aurélie Filippetti !

Ça suffit Aurélie Filippetti
Ministre de la Culture
en contrat avec un éditeur traditionnel

Jean-Luc PETIT Editeur - collection Politique

Stéphane Ternoise
versant
essayiste :

http://www.essayiste.net

Tout simplement et logiquement !

Ya basta Aurélie Filippetti

Présentation

Où commence le conflit d'intérêts ?

Mais quand nul ne les dénonce, les situations avec suspicions de "vie privée" incompatible avec le poste peuvent perdurer.

Je cherchais un titre pour regrouper l'ensemble de mes analyses sur la politique de notre ministre, une "forme d'actualisation" de « *Aurélie Filippetti, Antoine Gallimard et les subventions contre l'auto-édition* » publié le 28 août 2012 et totalement ignoré par les médias, resté invisible aux lectrices et lecteurs...

Depuis un an Aurélie Filippetti mène donc la politique pour laquelle elle semble avoir été installée rue de Valois : un soutien aux éditeurs traditionnels avec de l'argent également aux libraires pour les maintenir dans le même camp.

Politique qui serait simplement scandaleuse si en même temps Aurélie Filippetti n'était pas liée par contrat avec le plus grand groupe d'édition français.

Peut-on, en pleine révolution numérique, tolérer que notre ministre soit liée à un des puissants acteurs du secteur ?

Et soudain la ministre de la Culture s'est montrée, dans une interview au *Parisien*, très virulente contre Jérôme Cahuzac... Certes il était temps ! Quelque chose de "la fille de communiste" aurait déclenché une prise de conscience de toute l'indécence de se prétendre en lutte contre la fraude fiscale quand on cherche tout simplement à profiter des paradis fiscaux ?

Puis elle aborda le cas Jean-Luc Mélenchon : « *Pour faire écho à un mouvement sud-américain qu'il affectionne, je lui dis : "ya basta !"* », dont le journaliste nous rappela la signification : "ça suffit."

Oui, ça suffit... Aurélie Filippetti ! Il serait temps que monsieur François Hollande vous demande de démissionner.

En cette période de révolution numérique, le ministère de la Culture a besoin d'une personnalité impartiale, libre et indépendante, qui n'essayera pas par tous les moyens de maintenir les écrivains dans le giron des éditeurs.

Ça suffit, cette politique d'une oligarchie pour l'oligarchie.
Ça suffit, le changement c'est la continuité.
Ça suffit, la réunion de quelques notables à la table des éditeurs pour prétendre à une concertation avec les écrivains.
Ça suffit, de prétendre qu'un écrivain doit se faire labéliser par un groupe tenu par une grande fortune de France.

Les droits de leurs livres appartiennent aux écrivains. Les éditeurs ne font pas la littérature mais du commerce. Quand la technologie permet d'imaginer d'autres solutions qu'une cession à des éditeurs de nos droits, ça suffit de laisser des grands groupes nous voler la "révolution numérique".

Ce livre contient de nombreux textes déjà publiés par l'auteur dans des livres numériques en situation de "ventes dérisoires."
Si vous figurez parmi les rares acheteurs de mes essais, le site http://www.pamphletaire.com fournit l'origine du matériau de ce cri (avec le plus souvent de petites modifications liées au temps qui passe...)

Stéphane Ternoise
http://www.ecrivain.pro

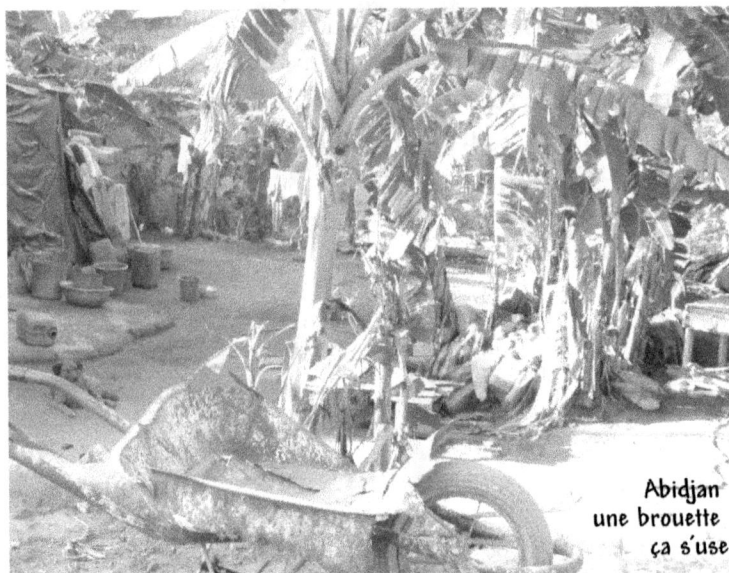

Abidjan
une brouette
ça s'use

Dédicaces

Aux écrivains qui réagiront...

« *Voilà ce qui fait peur, parce que nous sommes le nombre, nous sommes la force, et eux ils sont la minorité qui nous exploite.* »
Aurélie Filippetti, *les derniers jours de la classe ouvrière*

« *Vivre de sa plume est une entreprise monstrueuse de folie.* »
Balzac, *lettre à l'étrangère* (Mme Hanska), 1er juillet 1843.

« *J'aime l'idée qu'on peut faire de l'art sans moyens.* »
Aurélie Filippetti, décembre 2011.

« *Pourtant, je crois qu'une industrie culturelle aussi complexe que la vôtre* [l'édition] *ne pourra pas reposer sur ce nouveau modèle* [l'auto-édition]. *Je ne partage pas ce point de vue* [le contact direct du site de vente avec les auteurs] *et je crois qu'il est utopique.* »
« *L'écrivain ne naît qu'au travers du regard de l'éditeur.* »
« *C'est l'éditeur qui fait la littérature.* »
Aurélie Filippetti, ministre de la Culture, juin 2012

« *(l'auto-édition est riche de promesses)* »
Aurélie Filippetti, sur twitter, février 2013

11

« *Cette gauche des nantis qui tient les médias et l'édition.* *À cette gauche qui prétend savoir ce que c'est que la littérature, puisque la littérature, c'est forcément elle ! Des gardiens du temple, d'un mausolée...* »
Dans *Libération* du 8 mars 2003 Jean-Marc Roberts, l'éditeur d'Aurélie Filippetti.

« *Du moment qu'un homme avait le courage de rejeter ce que la société lui imposait, il pouvait vivre comme il l'entendait. Dans quel but ? Pour être libre. Mais libre dans quel but ? Dans le but de lire des livres, d'en écrire, de penser.* »
Brooklyn Folies, de Paul Auster, en 2005 (selon la traduction en français de Christine Le Boeuf)
http://www.libertes.tk

Une cible : l'auto-édition

Des paroles et des actes. Alors que la révolution numérique s'installe en France, principalement grâce à Amazon, le monde officiel de l'édition a trouvé une cible : l'auto-édition, une pratique coupable de tenter les écrivains en leur promettant des jours meilleurs, une rémunération décente. Les éditeurs se dressent contre ce possible fléau, naturellement pour protéger leurs auteurs adorés (vaches à lait) ! Ne croyez surtout pas qu'il soit préférable de conserver plus de 50% du prix d'un livre numérique quand les installés vous proposent de continuer comme dans l'économie du bouquin en papier, avec des miettes.

Ces bienfaiteurs de la culture ont même reçu le soutien d'Aurélie Filippetti ! La jeune ministre aurait pu (dû ?) se positionner du côté de ses "collègues" écrivains mais elle combat la voie *"utopique" !* Elle demande juste aux éditeurs un petit effort au niveau des rémunérations... en contrepartie d'abondantes aides !

La ministre de la Culture s'est résolument placée du côté des exploiteurs, qui plus est en étayant sa démonstration d'un exemple, le sien, celui d'une jeune romancière publiant en 2003 *"les derniers jours de la classe ouvrière"*, dans une maison du groupe Lagardère. Un roman qui se voulait engagé, contre l'historique exploitation des mineurs de Lorraine. Il ne s'agissait que d'une posture ? Elle n'a donc rien compris ? Elle a changé ? Elle est simplement passée de l'autre côté, celui du pouvoir, où l'on perd facilement la notion des réalités pour devenir un rouage de l'Etat ?

Décortiquer les propos de la ministre, les resituer dans deux siècles de lutte entre écrivains et éditeurs. L'auto-édition est l'avenir de l'édition. Je l'écrivais déjà en l'an 2000 (http://www.auto-edition.com). Ce qui fut considéré comme une "utopie" va s'imposer en logique historique grâce au livre numérique. Malgré le lobbying et le pouvoir des installés, qui peuvent simplement retarder l'inéluctable, consommer de la subvention, nous faire perdre du temps (alors que nous vieillissons !)...

17 mai 2012, passation des pouvoirs de Frédéric Mitterrand à Aurélie Filippetti : la continuité annoncée

Mai 2012 : la France va changer ! La gauche revient au pouvoir. Aurélie Filippetti succède à Frédéric Mitterrand, des écrivains espèrent être entendus... ils ont voté à gauche !

Certes, il s'agissait d'un exercice médiatique (qui se voudrait historique) mais de précieuses indications peuvent néanmoins filtrer.

Frédéric Mitterrand : « *Je voulais dire que c'est un jour de chance, c'est un jour de chance pour ce ministère et c'est un jour de chance pour madame la ministre de la Culture et de la communication. C'est un jour de chance pour ce ministère car il va y avoir dans ce ministère, à partir de maintenant, une ministre dont l'empathie pour le monde de la culture est connue depuis longtemps et notamment parce que la ministre est une artiste en elle-même, c'est-à-dire un écrivain, un écrivain de très grand talent et de très grande qualité et j'ai eu, pour ma part, le privilège de connaître Aurélie Filippetti il y a de cela une douzaine d'années à l'occasion de la publication de son premier livre que j'avais profondément admiré et, depuis ce temps là, nous avons continué à nous voir assez régulièrement. Ce fut d'ailleurs une parlementaire particulièrement émérite avec qui j'ai toujours eu des relations extrêmement agréables et extrêmement courtoises et je pense que tant son parcours remarquable d'écrivain que son parcours non moins remarquable de parlementaire fait que le Ministère de la Culture et de la communication peut être fier d'avoir une personnalité comme elle à sa tête.* »

Arguer du parcours remarquable d'écrivain peut prêter à sourire : le premier roman de la "fille et petite-fille de mineurs", *Les Derniers Jours de la classe ouvrière*, publié lors de la rentrée littéraire 2003 par Stock, fut salué par la critique, surtout la critique dite de gauche, comme Edmonde Charles-Roux, « *Procédant par touches vives et fortes, Aurélie Filippetti nous livre l'histoire de près d'un siècle de lutte ouvrière dont elle tire ce premier roman, parfaitement contrôlé, d'une grande sobriété et qui sauve de l'oubli un monde en pleine crise* » mais les ventes ne furent sûrement pas himalayennes pour ce texte aux nombreuses lacunes (style, description des personnages, approximations...) ! Son deuxième roman, lancé en 2006, *Un homme dans la poche,* toujours chez Stock, ne bénéficia pas du même sujet porteur pour permettre aux chers chroniqueurs de surfer sur les bons sentiments et fut un bide ! Le troisième, six ans plus tard, n'existe toujours pas. Elle semble avoir préféré la politique. Mais nul doute qu'il sortira un jour et bénéficiera de nombreux soutiens...

L'empathie d'Aurélie Filippetti pour le monde de la culture ne semble pas évidente ! Mais lors de la polémique sur la vie privée de Frédéric Mitterrand, en ne suivant pas les réactions majoritaires dans son parti, on peut considérer qu'elle fit preuve d'empathie à son égard ! Si le monde de la culture, pour notre ancien ministre, signifie sa modeste personne, nul ne contestera sa phrase !

Que conclure du « *j'ai eu, pour ma part, le privilège de connaître Aurélie Filippetti il y a de cela une douzaine d'années à l'occasion de la publication de son premier livre* » prononcé en mai 2012 au sujet d'un roman sorti en septembre 2003 ? Simple confusion dans le temps qui passe ? Ou qu'il fallut trois années pour "la publication", d'innombrables allers-retours entre l'auteur et l'éditeur, avec présentation du manuscrit aux amis, aux amis des amis ?

Si vous avez aimé Frédéric Mitterrand rue de Valois, vous adorerez Aurélie Filippetti !... La continuité semble assurée... également par les fonctionnaires et leurs si précieuses *notes*...

Aurélie Filippetti rassure : malgré un label "écrivain" elle tiendra le ministère du côté des éditeurs

Le 28 juin 2012, à l'occasion de l'Assemblée générale du SNE, le Syndicat national de l'édition, Aurélie Filippetti prononça naturellement un discours. Il aurait pu n'être qu'exercice de circonstance, il fut un pavé dans la marre des écrivains en lutte pour une reconnaissance de leur statut d'indépendants.

Extraits :
" La politique que j'entends mener en matière de livre et de lecture poursuit deux objectifs :
- d'une part, la défense, la promotion et le renouvellement de la création et de la diversité éditoriale, que certains d'entre vous nomment « bibliodiversité », dans le cadre de ce que j'ai appelé « l'acte II » de l'exception culturelle.
- d'autre part, l'accès à la création pour le plus grand nombre;

Les éditeurs sont des acteurs indispensables de cette politique. Je tiens à l'affirmer avec vigueur."

Naturellement les objectifs se veulent très consensuels mais la précision l'éclaire : tous ensemble sauvons les éditeurs.
Dans la droite ligne du *« il s'agit tout à la fois de proposer une offre attractive aux lecteurs, de préserver des marges et d'assurer des conditions financières et juridiques en mesure de dissuader les auteurs de se passer de la médiation traditionnelle de leur éditeur »* de la Note d'analyse (270) gouvernementale *"Les acteurs de la chaîne*

18

du livre à l'ère du numérique - Les auteurs et les éditeurs" pourtant rédigée avant les présidentielles, en mars 2012. *« Conditions financières et juridiques »*, de l'argent et des lois, pour les éditeurs. Les éditeurs peuvent se réjouir de la continuité du ministère. Champagne ! Prétendre agir au nom de "la diversité éditoriale" en soutenant les éditeurs relève du sophisme : les éditeurs se sont attribués cette qualité et elle semble désormais leur être acquise dans les raisonnements politiques alors que l'édition française se caractérise par une course à la taille des principales maisons, par une industrialisation de la production, un nivellement par le triomphe du commercial sur l'éditorial. Il faut publier ce qui se vend, ou des médiatiques qui par leur pouvoir font vendre des bouquins...

Elle enchaînait :
« Aujourd'hui, avec le développement de la diffusion numérique des œuvres, de fortes tensions agitent le secteur culturel ; certains commentateurs font miroiter un avenir qui se ferait sans vous. L'avenir serait à la disparition des intermédiaires de la création ; notre temps serait celui de la désintermédiation. »

J'ignore si madame la ministre lit mes ebooks mais certains de mes textes pourraient me valoir d'être classé dans ces « *commentateurs qui font miroiter un avenir qui se ferait sans les éditeurs classiques* ». Même si, loin de brasser du vent, j'apporte un exemple concret, en obtenant avec le numérique une audience jamais atteinte par mes livres en papier ; il ne s'agissait donc pas d'un problème de qualité car nombre des œuvres peu vendues en papier bénéficient d'excellentes critiques après lecture mais d'un problème d'accès aux lieux de vente...

Je précise (également pour madame la ministre) : la disparition totale des intermédiaires n'est pas le but ultime mais leur réduction au strict minimum semble indispensable : les prix des livres numériques se stabiliseront à un niveau nettement plus bas que ceux du livre papier, le gâteau à se partager rétrécissant, il convient de supprimer les prestataires superflus. Auteur-éditeur, je suis distribué, par Immateriel, sur Amazon, Itunes, La Fnac, epagine et les autres, pour un coût total de 35 à 40%. Une marge sur les ventes, sans frais fixe d'accès à la distribution. Cette organisation semble correcte, honnête même.

Quand de "*fortes tensions agitent le secteur culturel*", on attendrait de la ministre de la Culture, qu'elle s'intéresse d'abord aux éléments essentiels, les écrivains. Au moins qu'elle respecte une certaine neutralité.

Mais non, l'état soutiendra les puissants, les installés, les éditeurs. Certes, elle s'exprime devant un cénacle d'éditeurs. S'il s'agissait d'une candidate, on pourrait "comprendre" qu'elle brasse du vent, adapte ses propos aux interlocuteurs. Mais il s'agit du discours de madame la ministre, qui engage la France, qui éclaire la politique culturelle qu'elle souhaite mener durant les cinq prochaines années. Réaction urgente sous peine d'en baver !

Suite : « *Leurs réflexions sont nourries par l'activisme des grandes entreprises technologiques, qui ont pris des positions très fortes sur la diffusion des contenus culturels en venant d'univers qui ne sont pas celui de la culture.* »

Phrase inexacte, madame la ministre ! Vous visez Amazon, pour suivre l'anathème des éditeurs mais la société de Seattle a débuté par la vente de livres en papier. Et contrairement aux vieux libraires des vieux murs, elle n'est pas restée prisonnière d'un support. Peu importe le support pourvu qu'on ait l'œuvre.

Qui plus est, madame la ministre, nos réflexions ne sont pas nourries par Amazon, Google, Apple ou Kobo. Vous auriez dû lire *"le livre numérique, fils de l'auto-édition"* !

Nos réflexions sont nourries des combats des écrivains contre les éditeurs qui les exploitent depuis deux siècles.

Nos réflexions sont nourries par la volonté d'un Balzac, se ruinant en essayant d'être indépendant, par les colères de Marcel Proust envers Gallimard finalement devenu son éditeur mais laissant sortir des exemplaires truffés de fautes.

Nos réflexions sont nourries par Céline. Certes, vous pouvez le considérer excessif dans « *tous les éditeurs sont des charognes* » mais Gaston Gallimard ne pratiquait pas non plus dans l'amour fou avec « *un auteur, un écrivain, le plus souvent n'est pas un homme. C'est une femelle qu'il faut payer, tout en sachant qu'elle est toujours prête à s'offrir ailleurs. C'est une pute.* »

Suite : « *Elles cherchent à établir ce contact direct avec les auteurs. Leur modèle est séduisant : il réclame la « démocratie des écrivains », là où régnait la « République des lettres ».*

Pourtant, je crois qu'une industrie culturelle aussi complexe que la vôtre ne pourra pas reposer sur ce nouveau modèle. Je ne partage pas ce point de vue et je crois qu'il est utopique. »

Quelle grande femme de gauche fermant ainsi la porte aux écrivains d'un cinglant "utopique." Cette gauche a perdu toute possibilité d'utopie ? Les écrivains qui l'ont soutenue se seraient donc trompés ? Elle ressemble étrangement à la droite ?

On ne lui demande même pas de partager notre point de vue sur l'auto-édition mais seulement de ne pas subventionner les installés au point qu'ils parviennent à nous rendre invisibles des lectrices et lecteurs.

L'auteure du roman *"les derniers jours de la classe ouvrière"* ne peut adapter à la classe littéraire son *"Combien de temps encore allons-nous tolérer cette oppression, qui sert les possédants aux dépens de la classe ouvrière ?"* (page 116, édition Stock)

Les puissants tremblaient comme tremblent nos chers éditeurs : *"Voilà ce qui fait peur, parce que nous sommes le nombre, nous sommes la force, et eux ils sont la minorité qui nous exploite."*

Quant à la complexité de *"l'industrie culturelle"*, elle provient plus du processus industriel que de la Culture. Notre ambition doit être de simplifier au maximum, de sortir des impasses où l'écrivain devait se soumettre au système ou être invisible. Pourquoi un bon livre d'un auteur indépendant ne peut pas être présenté par les grands médias ? La grande idée de liberté que prétendent encore porter des femmes et des hommes de gauche, doit-elle s'arrêter où débutent les intérêts des éditeurs qui ont su s'allier chroniqueuses et chroniqueurs ?

Suite : « Tous les textes ne sont pas des livres et c'est précisément à l'éditeur que revient de faire le partage ; c'est lui, qui, devant la multitude des textes, doit porter la responsabilité de savoir dire non, quitte à, parfois, commettre une erreur.

Il n'y a pas de livre sans éditeur ; l'éditeur distingue la création, puis il l'accompagne, il la promeut, il la publie ; il favorise sa circulation. »

Qu'est-ce qu'un éditeur pour lui accorder un tel immuable pouvoir ? Il sépare la bonne grammaire de l'ivraie ! Le Dieu de la Littérature ?

Comme la salle devait jubiler : la grande opération de lobbying donne de bons fruits ! Exemple dans le texte « *Le livre numérique : idées reçues et propositions* », diffusé au salon du livre de Paris, lors des Assises professionnelles du livre, organisées par le SNE, le 17 mars 2009.

À l'affirmation à combattre « *On pourra se passer d'éditeur à l'ère du numérique* », le SNE fournissait un véritable kit de réponses : « *Stephen King a tenté l'expérience de vendre directement ses livres en ligne. Devant l'échec complet de sa tentative, il est revenu vers son éditeur...* » Vous voyez bien que c'est impossible, Stephen King a échoué ! Mais, il convient de ne pas préciser "avant le Kindle et l'Ipad."

D'ailleurs : « *Cette idée reçue provient d'une méconnaissance du métier et de la valeur ajoutée de l'éditeur.* » Et la grande vérité selon le SNE : « *Plutôt discret et en retrait derrière ses auteurs, l'éditeur a pourtant un rôle crucial : il sélectionne et « labellise » les œuvres en les intégrant dans un catalogue, un fonds, une marque reconnus par les lecteurs ; il apporte une contribution intellectuelle (« création éditoriale ») importante ; enfin il s'engage à exploiter commercialement les œuvres de manière continue (vente de livres, de droits dérivés, etc.).* »

23

Quelle belle contribution intellectuelle avec Loana, Lorie, Patrick Sébastien, VGE, les présentateurs des émissions télévisées... Quant à oser proclamer *"exploiter commercialement les œuvres de manière continue"*, est-ce décent quand les éditeurs se contentent d'exploiter le lancement d'un livre et préfèrent ensuite l'abandonner, au point qu'il y aurait plus de 500 000 œuvres publiées au vingtième siècle mais indisponibles car justement les éditeurs ont "oublié" de les exploiter de *"manière continue"* (ainsi l'état a accepté que soit votée la loi 2012-287 pour essayer de donner aux éditeurs les droits numériques sur ces œuvres abandonnées ; voir l'ebook : *Écrivains, réveillez-vous ! - La loi 2012-287 du 1er mars 2012 et autres somnifères*).

La bonne élève Filippetti fut acclamée ? Nous pouvons néanmoins lui accorder « *Il n'y a pas de livre sans éditeur ; l'éditeur distingue la création, puis il l'accompagne, il la promeut, il la publie ; il favorise sa circulation* » en rappelant que tout auteur légalement indépendant s'est déclaré auteur-éditeur, une profession libérale (ou désormais en statut d'auto-entrepreneur). Une redéfinition de la notion d'éditeur s'impose...

Certes, certains pourraient prétendre qu'il s'est agi d'un discours équilibré, avec « *je crains que vous n'entriez dans l'ère du soupçon pour n'avoir pas été assez audacieux sur le niveau des rémunérations servies aux auteurs en matière de droit numérique. Les taux sont trop faibles, à l'évidence, et avivent le désir des auteurs de négocier séparément l'exploitation papier et numérique ; vous savez, comme moi, qui se tient en embuscade.* »

Mais madame la ministre se situe toujours dans le cadre de la note d'analyse 270 *Les acteurs de la chaîne du livre à l'ère du numérique - Les auteurs et les éditeurs* : « *Simultanément diffuseur, distributeur, éditeur et propriétaire d'une solution technologique qui domine très largement le marché des liseuses, Amazon bénéficie d'une force de frappe commerciale redoutable, grâce à laquelle sa branche édition pourrait bien offrir aux auteurs des conditions de rémunération nettement plus attrayantes que les éditeurs traditionnels.* »

L'état devrait se réjouir quand des écrivains aux difficultés connues pour obtenir un revenu décent peuvent espérer une "*rémunération nettement plus attrayante*"... mais Amazon est l'ennemi ! Une volonté étatique de maintenir les écrivains dans la dépendance des éditeurs ? Donc dans la précarité ? Une volonté politique de maintenir les écrivains indépendants dans la pauvreté ? Un choix de société ?

Et madame la ministre relaye la note : faites un petit effort de rémunération et les écrivains souriront. Faire un petit effort de rémunération pour les "auteurs importants" (fortes ventes) sera facile aux éditeurs : leur marge de manœuvre est énorme, en partant d'un "équitable" où ils gagnent directement quatre fois plus que les Hommes de lettres, et indirectement parfois six ou sept fois plus (en englobant la distribution).

Son collègue socialiste, David Assouline, au Sénat, le 29 mars 2011, se scandalisait pourtant : « *Avec le livre numérique, l'éditeur touchera sept fois plus que l'auteur !* » Il ne fut certes pas choisi par François Hollande pour la rue de Valois...

25

Naturellement, madame la ministre s'adressait à un auditoire particulier, celui du SNE, dont Antoine Gallimard quittait la présidence... Alors, le clin d'œil littéraire fut sûrement apprécié, le reste n'étant que banalité pour les chroniqueurs ! « *Je crains que vous n'entriez dans l'ère du soupçon...* » Figure de style ? *L'ère du soupçon* étant le titre de l'ouvrage de référence de Nathalie Sarraute, publié par la maison Gallimard...

Madame la ministre sent pourtant l'inéluctable victoire des écrivains sur les éditeurs ?

De son discours au SNE, il convient d'analyser la fin. Il s'agit du texte officiel. (http://www.culturecommunication.gouv.fr/Espace-Presse/Discours/Discours-d-Aurelie-Filippetti-ministre-de-la-Culture-et-de-la-Communication-prononce-a-l-occasion-de-l-Assemblee-generale-du-Syndicat-national-de-l-edition)

J'ignore si cette conclusion fut intégralement prononcée. Pierre Assouline, dans son blog sous *Le Monde*, notant "« *Et vous savez, comme moi, qui se tient en embuscade....* » *dit-elle, le ton et le regard chargés de sous-entendus faisant résonner les points de suspension tel un vol d'Amazon sur l'azur étoilé, licence poétique qu'a dû apprécier le ministre Arnaud Montebourg, qui a depuis peu le bonheur d'accueillir les entrepôts de la librairie number one in the world dans sa Bourgogne (est-ce pour cela que le nom d'Amazon ne fut pas cité alors qu'il figure dans le texte du discours ?).*" Le passage de l'Amazon biffé étant donc « *Je redis à cet égard mon attachement à la loi sur le prix du livre numérique, en dépit des agissements contraires d'Amazon.* »

Je peux assurer qu'Amazon vend mes ebooks au prix éditeur, tel que défini chez mon edistributeur, où j'ai la possibilité de le modifier rapidement (sous 48 heures).

Bref, madame la ministre avant les petits fours au SNE : « *Pour Rousseau, comme pour les écrivains et penseurs de son époque, l'édition des textes et les conditions de leur publication a constitué un enjeu de première importance. Ce siècle de révolution des idées fut aussi, logiquement, un siècle de grands changements dans l'édition et le commerce du livre.*

Pour contourner la censure du roi de France, des imprimeurs-libraires s'étaient implantés sur les confins du royaume, là où la police ne pouvait les atteindre. En Suisse, aux Pays-Bas, au Luxembourg - déjà ! - les idées nouvelles pouvaient prospérer.

Ces presses périphériques, comme on les appelait, représentaient la liberté et l'impossibilité d'arrêter les idées en marche. »

Le déjà fut-il prononcé ? « *En Suisse, aux Pays-Bas, au Luxembourg - déjà ! - les idées nouvelles pouvaient prospérer.* »

C'est au Luxembourg qu'Amazon implanta son siège européen, bénéficiant ainsi, désormais, d'une TVA à 3% sur les ventes d'ebooks. Déjà, presque un lapsus révélateur. "Lapsus", oui, cette idée nouvelle que les auteurs peuvent vivre de leur plume sans générer un chiffre d'affaires énorme, car sans laisser 90% des revenus de leurs œuvres aux intermédiaires. Où l'on retrouve un peu de l'Aurélie auteure des "*derniers jours de la classe ouvrière*" ? Un peu réfractaire au « *il fallait suivre la ligne du Parti. Qui n'est pas avec nous est contre nous* » (page 120) ? Madame la ministre désormais dans le camp des puissants se souvient de ses origines, ses combats, dans ce "déjà" ? « *Il faut dire que le curé l'a braqué en lui répétant qu'il devait toujours respecter les maîtres, Monsieur le Directeur et Monsieur le Maire* » (page 106). Elle étouffe **déjà** de devoir respecter les maîtres, Gallimard, Lagardère and cie ? Mais ce respect figure dans la feuille de route du Président pour se maintenir au poste plus de quelques mois ? (qui plus est, il serait peut-être mal vu par la compagne de Moi Monsieur François Hollande, d'oser contrarier les intérêts d'Arnaud Lagardère, aussi propriétaire de *Paris-Match* pour lequel travaille Valérie Trierweiler) Entre la politique et la littérature, sa vie a balancé. Il en reste sûrement quelques "déraillements." Comme ce "déjà." Mais ne nous inquiétons pas pour elle, elle saura devenir un bon personnage politique si tel est son réel désir. Puis-je lui souhaiter, les yeux dans les yeux (ça reste du virtuel !) d'essayer, encore, la littérature ?

La suite et fin du discours contrebalancent ce "déjà" mais les deux syllabes existent : « *Mais en même temps, situées hors des frontières du royaume, elles diffusaient les textes sans contrôle de leurs auteurs.*

Combien d'écrivains de ce temps ont pesté contre ces éditeurs hors d'atteinte, qui ne respectaient ni leur texte, ni leur volonté. Il n'est pas étonnant que les principes du droit d'auteur soient nés à ce moment là.

Nous voyons aujourd'hui fleurir des presses périphériques d'un nouveau genre. Leur puissance de diffusion est celle des technologies de notre temps et, comme celles du 18e siècle, elles jouent la musique séduisante de la liberté.

Cette liberté là, celle de l'accès illimité aux contenus culturels, a un double visage, nous le savons. Sachons l'accueillir sans crainte, mais sans naïveté. En toute connaissance de cause et pour le bien du public, sachons faire bon usage de ces nouveaux territoires. Je vous remercie. »

Faut-il préciser à madame la ministre, la rassurer, que jamais Amazon ne diffuse un texte sans l'accord de son éditeur ? La firme "luxembourgeoise" se situe bien dans un partenariat avec les éditeurs, en se rémunérant avec une marge de 30%, que nous acceptons de laisser à tout site revendeur de nos œuvres !

28 juin 2012, après le discours

Le jeudi 28 juin 2012, à 16 heures 26, Nicolas Gary s'est empressé de publier son scoop, sur son site média ActuaLitté (http://www.actualitte.com/societe/exclusif-filippetti-c-est-l-editeur-qui-fait-la-litterature-35044.htm). Il avait obtenu quelques précisions de madame la ministre, dont une petite phrase qu'il convient naturellement de replacer dans son contexte *"C'est l'éditeur qui fait la littérature."* Il n'avait certes pas réussi à lancer un débat entre Aurélie et Arnaud, Arnaud Montebourg (et non Lagardère, qui reste le patron du plus grand groupe français), présent, pour louer l'arrivée d'Amazon en Bourgogne, à cette grande messe du SNE... où il convenait de dénoncer les faux emplois de libraires du mastodonte de l'Internet. Naturellement, nous savons bien que les "vrais libraires" font plus qu'ouvrir des cartons pour placer aux meilleures tables les ouvrages vus à la télé. Oui, ils remplissent ces mêmes cartons quelques semaines plus tard des invendus et parfois encaissent les ventes alors qu'Amazon obtient un flux numérique d'argent. Il s'agit bien de la nuance ? Mais non ! Le libraire conseille les œuvres de qualité, d'ailleurs il suffit de consulter la liste des meilleures ventes, de Marc Levy à Guillaume Musso en passant par le bon docteur Dukan, des pointures de la Littérature !

Aurélie Filippetti, au sujet de l'acte 2 de l'exception culturelle, pour lequel un jeune homme de confiance fut nommé, Pierre Lescure : « *Il y a trois piliers dans cette mission, d'abord, le développement de l'offre légale, ensuite la lutte contre la contrefaçon commerciale, et puis, la recherche de nouvelles sources de financements. Et donc, la taxe Amazon entre dans le cadre de cette mission Lescure. Cela va prendre un petit peu de temps, quelques mois, et les préconisations seront présentées au début de l'année prochaine.* »

Sarkozy ce fut "la taxe google" ! Quand l'échec de la politique essaye de se rattraper en inventant des taxes... pour aider les déjà soutenus qui ont conduit à un blocage de l'économie, duquel savent profiter quelques sociétés de pays dont les états ne visent pas à maintenir des situations établies au détriment de l'innovation.

Si la lutte contre la contrefaçon commerciale est naturellement souhaitable, elle ne concerne pas forcément le ministère de la Culture mais celui de la Justice, où il serait préférable de permettre un accès rapide et vraiment gratuit à l'ensemble des ayants droit. Quant au développement de l'offre légale, malheureusement, quand ce ministère s'y intéresse, ce n'est jamais pour soutenir les écrivains mais en suivant les recommandations des installés. Troisième point : la recherche de nouvelles sources de financements. Pour en faire quoi ? Amazon est un véritable partenaire des éditeurs, il demande une commission correcte, 30%, quand certains essayent d'obtenir plus ! Il existe même un projet 100% français qui souhaita obtenir 35% d'un edistributeur...

Amazon, victime d'une taxe, la répercuterait "sûrement" sur les éditeurs. Quel bénéfice pour les éditeurs ? Simplement une distorsion de concurrence : l'argent serait transféré aux installés, comme la taxe pour la "copie privée" ou "la rémunération pour prêts en bibliothèques", grands circuits financiers d'où pas un centime ne revient aux auteurs-éditeurs [À lire : *Copie privée, droit de prêt en bibliothèque : vous payez, nous ne touchons pas un centime*, du même auteur]. Les taxes sont faites pour prendre à tous et redonner à certains, avec toujours une part pour "des initiatives culturelles." Celles des installés. Une distorsion de concurrence ?

Alors, pas de littérature sans éditeur ? L'auto-édition c'est de la merde ? Naturellement monsieur Gary ne questionna pas ainsi. Aurélie Filippetti : « *L'éditeur a un rôle éminent dans le processus de création. C'est une question passionnante. Et sans entrer dans un débat philosophique sur le processus de création, quand on écrit, chez soi, on a besoin d'avoir le regard d'un éditeur, pour venir sanctionner, dans le bon sens du terme. C'est-à-dire, donner le jugement d'un professionnel, sur le texte que l'on est en train de rédiger. Et sans cela, même si on se publie soi-même, et que l'on peut toucher un public au travers des réseaux, on n'a pas cette reconnaissance de se sentir écrivain. L'écrivain ne naît qu'au travers du regard de l'éditeur. Et moi je l'ai ressenti en tant qu'auteur : j'aurais pu écrire le même livre que celui que j'ai rédigé, si je n'avais pas eu Jean-Marc Roberts, le résultat n'aurait pas été le même.* »
Certes, des propos de cocktails, qu'on pourrait entendre en souriant. Mais il s'agit des paroles de la Ministre en exercice.
Aurélie Filippetti plus écrivain que Stéphane Ternoise ? Lisez ses romans et les miens !
Jean-Marc Roberts, le si plaisant patron de la maison Stock, filiale du groupe Lagardère via Hachette Livre.

33

Madame la ministre, auteure Lagardère, alors que son prédécesseur, Frédéric Mitterrand, portait une tunique Editis, le deuxième groupe d'édition français, jaquette Robert Laffont. *Les Derniers Jours de la classe ouvrière*, son premier roman, publié le 17 septembre 2003 : sur Amazon, début juin 2012, seuls des "vendeurs tiers" proposaient le format broché, donc "indisponible" en "édition originelle direct éditeur" ; Stock édite l'ebook, vendu 5,49 euros. Bizarrement, logiquement plutôt, le 23 juillet, il retrouve son statut disponible, à 14,49 euros, *"Plus que 14 ex (réapprovisionnement en cours). Commandez vite !* "

Ce roman semble donc avoir été réédité après la nomination au ministère de l'auteure. Les invendus furent précédemment envoyés au pilon ? Quand on sait qu'un cinquième de la production nationale, plus de cent millions d'exemplaires chaque année, sont détruits (lire *Le pilon, ce que nous en savons - Des millions de livres détruits sur ordre des éditeurs* de Thomas de Terneuve), l'hypothèse apparaît plausible.

Je ne pouvais pas écrire cet essai sans lire ce roman. Un premier roman sans grand intérêt, lourd, même si, naturellement, il semble désormais de bon ton de louer son versant social engagé...

La ministre ajouta même « *mais surtout, on a besoin de cette médiation, pour se reconnaître, soi-même, comme auteur, et pour savoir que son texte est vraiment un livre.* »

Il n'y aurait rien eu à contester si elle s'était confiée d'un « *mais surtout, j'ai eu besoin de cette médiation, pour me reconnaître comme auteur, et pour penser que mon texte était vraiment un livre. Qu'est-ce que j'en ai bavé ! Des années pour être publiée, des corrections que j'ai dû accepter...* » Rapprochement inévitable d'avec le raisonnement de Philippe Djian « *vous pouvez apprendre à travailler pour faire partie des 95 % des bouquins qui encombrent les librairies. Mais les 5 % qui restent, les vrais écrivains, ceux-là sont hors de portée et personne ne peut, en effet, s'engager à vous transformer en l'un d'eux.* » (repris dans *Comment devenir écrivain ? Être écrivain !* de Stéphane Ternoise). En pensant s'élever à la hauteur de l'écrivain, la fille du maire communiste d'Audun-le-Tiche de 1983 à 1992, s'est encastrée dans les 95% des bouquins qui encombrent les librairies ! Quel fut le rôle de Jean-Marc Roberts dans le produit fini ? Dans le "processus de création" ?

Tombe alors un passage qui aurait dû susciter plus de commentaires et indignations. Aucune demande de rectification ni de droit de réponse ne semble avoir été exigée. Il ne s'agit donc pas d'une hallucination du chroniqueur ni d'une dose excessive de champagne :

Selon la ministre, « *tous les textes ne sont pas des livres. C'est l'éditeur qui fait la littérature.* **»**

C'est l'éditeur qui fait la littérature ! Enorme ! Le pire étant que des éditeurs semblent le croire ! Donc, puisque ce n'est pas évident, je vais accorder une entrée à cet aphorisme filippettien.

Intelligemment orientée par le petit-fils de Romain Gary sur le cas Marcel Proust, qui publia "*Du côté de chez*

Swann" à compte d'auteur chez Grasset, la ministre n'hésita pas à travestir la réalité (sûrement par manque d'informations, peut-être après que cette version lui ait été soufflée à dessein quelques heures plus tôt...). Car si l'on peut lui accorder le « *Marcel Proust était désespéré que son livre ait été refusé par un éditeur* », la phrase précédente « *c'est un bon exemple de la relation nécessaire entre un éditeur et un auteur* » frise le contestable, et la suivante fera bondir toute personne ayant étudié la genèse de *la Recherche* : « *C'est ensuite, quand il a pu construire cette vraie relation avec l'éditeur, qu'il a pu réaliser la Recherche du temps perdu. Évidemment, il avait besoin d'avoir ce regard de l'éditeur.* »

Quel rôle peut-on accorder à la maison Gallimard dans les corrections de la *Recherche* ?

Qu'Antoine Gallimard intervienne alors pour prétendre « *très vite, les gens de ma maison, et mon grand-père le premier, ont reconnu leur erreur* [de ne pas l'avoir édité]. *Mais ensuite, il y a vraiment eu une relation qui aura duré jusqu'à la mort de Proust.* » Le premier mea-culpa ne revient donc pas à André Gide ? La relation très forte fut surtout une litanie de plaintes de l'auteur sur le travail bâclé de l'éditeur, « *l'édition la plus sabotée qui se puisse voir.* »

Marcel Proust avait besoin d'un éditeur pour faire connaître son œuvre et non pour l'écrire. La maison Gallimard lui sembla la plus appropriée donc il a souhaité sa couverture. Les éditeurs étaient alors effectivement des commerciaux indispensables. Le sont-ils encore ? C'est la question essentielle, elle devrait figurer au moins sur un Post-It au Ministère de la Culture. Pour éviter de continuer à maintenir l'édition dans une impasse.

Au sujet de l'auto-édition, l'avis d'Antoine Gallimard lors d'une intervention de voisin de cocktail : « *c'est un peu un mirage !* » rejoint celui de la ministre : « *D'abord, il manque ce regard, qui doit venir de quelqu'un d'autre. Si vous êtes en auto-édition, dans un contexte de relation uniquement avec des lecteurs, c'est autre chose. Deuxièmement, comment faire pour diffuser cette œuvre ? (...) Mais vous avez bien besoin d'un espace de médiation. Et je reste convaincue que l'on a besoin de cette relation avec l'éditeur. L'auto-édition peut convenir, au début, quand on est en recherche d'un éditeur, pour se faire remarquer, pour commencer. Mais très vite, la logique et le souhait des auteurs, c'est d'arriver à une relation intéressante et constructive, avec un éditeur. C'est ce que veulent la plupart des auteurs.* »

Oui, un regard extérieur (qui doit venir de quelqu'un d'autre !) restera le plus souvent indispensable. Aux Etats-Unis, l'auteur, même en auto-édition, s'associe parfois à un agent. L'auto-édition ne signifie pas forcément la solitude totale ! Une correctrice, un correcteur, des amis, des lectrices et lecteurs de référence... Oui, madame la ministre c'est "autre chose" qu'une relation avec un éditeur. Puis-je vous prier de respecter cet "autre chose" ?
Avec quelle étude, l'élue de Moselle peut-elle étayer son « *L'auto-édition peut convenir, au début, quand on est en recherche d'un éditeur, pour se faire remarquer, pour commencer. Mais très vite, la logique et le souhait des auteurs, c'est d'arriver à une relation intéressante et constructive, avec un éditeur. C'est ce que veulent la plupart des auteurs* » ?

Il semble évident que jamais, sauf cataclysme (salvateur

séisme), Aurélie Filippetti ne s'auto-éditera : elle est devenue une notable chez qui la publication d'un livre répond plus à un besoin de notoriété qu'à un engagement de vie. Elle parle d'écrivains sans finalement savoir ce qu'est un écrivain en lutte pour une œuvre. Elle ajoute d'ailleurs : « *De fait, c'est le regard des éditeurs, qui fascine et importe le plus.* » D'un cas particulier, certes fréquent, elle tire une vérité qui plaît aux éditeurs. « *De fait, c'est le regard des éditeurs, qui me fascine et m'importe le plus* » aurait manqué d'engagement ! Son prochain roman, Antoine Gallimard le lui publiera ? Elle est devenue tellement importante dans cet univers de la Culture !...

P.S. : Nicolas Gary n'est pas le petit-fils de Roman Kacew comme je me suis laissé aller à le prétendre plus haut, juste pour offrir une perche aux lecteurs rapides qui chercheront une petite phrase démontrant mon manque de professionnalisme !

C'est l'éditeur qui fait la littérature : une stupidité, même historique

Frédéric Mitterrand ayant été ministre de la Culture en France, Frédéric Mitterrand considérant qu'Aurélie Filippetti « *est une artiste en elle-même, c'est-à-dire un écrivain, un écrivain de très grand talent et de très grande qualité* », Aurélie Filippetti ayant eu besoin d'un éditeur pour se considérer écrivain, on peut conclure que le besoin d'un éditeur existe chez des écrivains de grande qualité. Mais peut-on proclamer sans ridicule « *c'est l'éditeur qui fait la littérature* » ? Sans éditeur, pas de littérature ! Observons si néanmoins, loin du regard Filippettin, de la littérature a pu éclore sans éditeur ? Je pourrais proposer mon cas ! L'Histoire littéraire classera sûrement plus haut "*Peut-être un roman biographique*" que "*les derniers jours de la classe ouvrière*" mais je peux manquer d'objectivité !

Le terme éditeur est entré dans le dictionnaire de l'Académie française en 1835. Il semble avoir été "couramment" utilisé depuis le début du siècle. L'encyclopédie de Diderot bénéficia même, dans les années 1770, de l'imagination de Charles-Joseph Panckoucke, qui en diminua le format et utilisa du papier moins cher pour réduire le prix du volume, augmenter la diffusion. Une approche d'éditeur plus que d'imprimeur. Rappelons que l'imprimerie existe depuis Gutenberg, 1455. Il fallut donc trois quatre siècles au trio auteurs-imprimeurs-libraires pour générer un personnage central appelé éditeur... ce qui ne présage pas d'une utilité millénaire ! L'éditeur a su trouver une place dans une activité : il n'est pas certain d'en conserver une après la mutation numérique.

Alors, avant 1770 ? Selon la boussole Filippetti, exit Don Quichotte de la littérature ! Ah si Cervantes avait eu la chance de converser avec Gallimard en 1605, quelle œuvre magistrale il aurait signé !
Quant à François Rabelais, l'ancêtre d'Antoine Gallimard n'a même pas daigné publier un communiqué lors de sa mort le 9 avril 1553. Pantagruel (1532) et Gargantua (1534) furent écrits sans l'onction d'un éditeur !
Quant à Jean de La Fontaine (8 juillet 1621 - 13 avril 1695), François de La Rochefoucauld (15 septembre 1613 - 17 mars 1680), Jean Racine (22 décembre 1639 - 21 avril 1699) et les autres, ils sont nés avant la littérature selon l'évangile de Filippetti.
Il convient d'ailleurs d'immédiatement exclure des manuels scolaires un certain Homère, auquel on concéda le privilège, avant la grande révolution Filippettienne, d'avoir pensé les deux premières œuvres de la littérature occidentale : l'Iliade et l'Odyssée.
Quant à Michel Houellebecq, qui considère la bible « *comme une œuvre littéraire* », il devra étudier le Filippettisme.
« *Le changement c'est maintenant* » avait promis François Hollande. Versant édition, le changement consistera à donner encore plus de pouvoirs aux installés ? N'est-ce pas le pire des conservatismes que de bloquer l'innovation pour protéger les situations acquises ?

C'est l'éditeur qui fait la littérature... de divertissement ?

Osons l'hypothèse que dans le brouhaha du cocktail SNE, le chroniqueur aurait loupé la fin de la phrase d'Aurélie Filippetti *"c'est l'éditeur qui fait la littérature."* Non, impossible, il aurait eu l'audace de la prier poliment de répéter ou nous l'aurait noté ?

Cherchons néanmoins si un ajout ne permettrait pas de nous réconcilier ? Donc de la fâcher avec les éditeurs ! Terrible métier où il faut choisir son camp quand on ne sait pas rester neutre !

"C'est l'éditeur qui fait la littérature de divertissement." Les éditeurs s'offusqueraient autant de cette version que moi sans le *"de divertissement"* ?

Car naturellement, l'éditeur n'édite que des œuvres majeures ! Dois-je une nouvelle fois fournir quelques exemples ? Juste une citation « *Nous pouvons publier un livre quelques jours après avoir reçu le manuscrit. Nous pouvons faire écrire un livre en quelques semaines par une équipe de rédacteurs, voire en quelques jours. Et nous ne nous en privons pas.* » Arnaud Nourry, patron Hachette Livre, le 26 avril 2011, à la soirée de gala annuelle du *PEN Club american center*, New York. Donc du patron d'Aurélie F.

Néanmoins « *C'est l'éditeur qui fait la littérature de divertissement* » recèle une parenté avec « *c'est l'éditeur qui fait la littérature* » : l'excès. Et si l'excès peut se comprendre d'un essayiste plus ou moins pamphlétaire, excédé par la culture officielle, il ne sied pas à une si importante ministre. L'auto-édition n'assure aucunement la qualité (les exemples d'inconsommables sont également nombreux !) mais il la permet.

L'éditeur ne fait pas la littérature mais du commerce

Elisabeth Parinet, dans *"Une histoire de l'édition à l'époque contemporaine"*, publié au Seuil en 2004, note « *éditeurs et libraires sont parmi les premiers à utiliser la réclame sous toutes ses formes.* » Honoré de Balzac déplorait déjà « *le public ignore combien de maux accablent la littérature dans sa transformation commerciale.* »

La publicité... comme prétendre que ça se vend pour vendre. Quand Proust découvre des chiffres de ventes faramineuses dans le catalogue de sa maison d'édition, qui dépassent les siennes, Gaston Gallimard lui répond : « *il est incontestable que ce genre de publicité a une certaine influence sur le public, et je vous assure qu'étant prêt moi-même à toutes les concessions, j'annoncerais volontiers que nous en sommes au 80e ou 100e mille pour À l'ombre des jeunes filles en fleurs, si toutefois vous voulez bien m'y autoriser.* »

Donc parfois des chiffres étaient gonflés ! Oh ! Ce n'est naturellement plus le cas en 2012... Sûrement ! Le voilà le travail de Gallimard sur la recherche !

Le droit moral d'une œuvre reste à l'auteur, l'éditeur obtenant "simplement" le droit de la reproduire, dans les conditions et les formats spécifiés dans un contrat d'édition. Il a beau essayer de se l'approprier en utilisant des couvertures reconnues des lectrices et lecteurs ou en écrivant son nom en caractères plus visibles que celui de l'auteur, il n'est qu'un prestataire de services, un intermédiaire entre l'écrivain et son lectorat. Un intermédiaire qui a su se rendre indispensable durant des décennies en maîtrisant... l'art du commerce, dont celui des médias.

« *Les bénéfices engendrées par le succès des "mauvais" livres commerciaux permettent de publier les "bons" livres littéraires a priori invendables. Car un éditeur indépendant n'a le choix qu'entre l'auto-financement et le dépôt de bilan* » reconnaissait Pierre Belfond. Quant à « *mais je pense précisément que les éditeurs ne doivent pas chercher tout le temps à faire de bonnes affaires. Je ne crois pas me vanter en disant que je suis le dernier éditeur à l'ancienne, à me comporter encore comme un mécène. Il faut faire croire à l'auteur qu'il est dans un petit palace. Avec le room service, même, si cela peut le rassurer...* » Il s'agit d'une envolée de Jean-Marc Roberts dans *Lire,* en avril 2010.

« *Le dernier éditeur à l'ancienne* » : Madame la ministre avait donc croisé l'oiseau rare ! Pourtant Jean-Marc Roberts semblait être chapeauté par Hachette Livre, donc le groupe Lagardère. Enfin, il était bien placé pour observer ses confrères ! Tous obnubilés par la rentabilité !

43

La présentation d'un merveilleux univers de l'édition française ne résiste pas à l'analyse

La version des gentils éditeurs contre le méchant Amazon (auquel il faudra bientôt, heureusement, ajouter *Barnes and Noble,* en notant la bonne volonté de *Kobo* même si l'obligation des DRMs bloque la situation, et l'intérêt qui devrait s'amplifier pour l'ebook chez Apple) ne résiste pas à l'observation des faits.

La référence sur le milieu reste les *Illusions perdues* de Balzac.

Plus proche de nous, Léon Bloy essaya de publier *Le désespéré* en 1886. Les éditions Stock (eh oui, l'éditeur de madame la Ministre, comme c'est intéressant !) accepta même d'aider l'auteur durant l'écriture de son roman en lui avançant cinq francs par jour. Mais le 10 novembre 1886, Pierre-Victor Stock refusa de le mettre en vente : des journalistes menaçaient de boycotter l'éditeur si une telle vérité sortait.

[La maison Stock a fêté ses trois cents ans en 2008. Née le 8 mai 1708, quand André Cailleau fut "reçu libraire-éditeur" ; Pierre-Victor Stock en prit la direction en 1877, la rebaptisa à son nom. L'éditeur de Voltaire et Rousseau tomba dans l'escarcelle Hachette en 1961.]

Il faudra attendre 1913 pour qu'une édition digne de ce nom puisse être publiée, chez *Crès*. Depuis, ce combat est devenu un classique, néanmoins peu lu...

Quant aux contemporains, *La littérature sans estomac* de Pierre Jourde, *Petit déjeuner chez Tyrannie* d'Eric Naulleau ou *Ma vie (titre provisoire)* de Jack-Alain Léger sont suffisamment éloquents pour conclure qu'un système mauvais dès le départ, basé sur l'exploitation maximale des écrivains, s'est, en deux siècles, affiné, industrialisé.

J'aime beaucoup *Ma vie (titre provisoire)*. Et même pas pour son utilisation de presses lotoises en juin 1997 ! (ce qui ne fut le cas d'aucun de mes livres, ayant toujours trouvé ailleurs un meilleur rapport qualité prix) Jack-Alain Léger fit une entrée fracassante dans le monde des lettres en 1976, avec *"Monsignore"*, chez Robert Laffont : trois cent mille exemplaires, adaptation au cinéma, traduction en vingt-trois langues. Ses livres suivants ne parvinrent pas à renouveler le succès. *"Ma vie (titre provisoire)"* est donc le résumé de cette chute dans la considération du milieu littéraire. Néanmoins, au même moment, il réussissait une nouvelle percée, sous le pseudonyme masqué de Paul Smaïl, un nouveau best-seller *"Vivre me tue"*. Ce « *témoignage d'un jeune beur* » publié chez Balland était donc fictif, ce qui choqua certains, quand l'identité de l'auteur fut connue, en l'an 2000. Sûrement les critiques qui ne l'aimaient pas et se sont retrouvés à promouvoir ce texte ! Vive les pseudonymes ! Comme si la littérature, ce n'était pas un jeu de rôles !

« J'ai su alors ce que peut nourrir de haine à l'endroit d'un écrivain uniquement écrivain la pègre des gens de lettres dont Balzac a si exactement dépeint les mœurs dans Illusions perdues*, mœurs qui n'ont pas changé, si ce n'est en pire : vénalité, futilité, servilité.*
J'avais perdu mes dernières illusions sur ce milieu dont les pratiques ressemblent tant à celles du Milieu : parasitages de la production, chantages à la protection, intimidations, etc. Publication de livres que l'éditeur juge

*médiocres ou invendables mais qu'il surpaie à des auteurs
disposant d'un pouvoir quelconque dans les médias... (...)
Fabrication par des nègres et des plagiaires d'une fausse
littérature qui, comme la mauvaise monnaie, chasse la
bonne... Calomnies et passages à tabac pour les rares
francs-tireurs. « Nous avons les moyens de vous faire
taire définitivement !» me dit, sans rire, un critique, par
ailleurs employé d'une maison d'édition et juré de
plusieurs prix littéraires auquel j'ai eu le malheur de
déplaire. Je n'étais d'aucune coterie, détestant ces
douteuses solidarités fondées sur des affinités sexuelles,
politiques ou alcooliques, voir une simple promiscuité au
marbre d'un journal ou à la table ovale d'un comité de
lecture ; j'étais puni. On me faisait payer cher de n'avoir
jamais eu de « parrain ».»*

Le système de l'édition classique, longtemps
indispensable, semble plutôt mauvais, tout simplement car
il cherche à exploiter l'écrivain plutôt qu'à lui rendre
service.
Ce qui peut se comprendre d'une activité commerciale.
Mais les éditeurs "exigent" qu'on leur accorde qu'ils
agissent au nom d'une haute idée de la Littérature, ce qui
n'a jamais existé ! Il y eut bien quelques éditeurs pour
miser sur des écrivains mais ils misaient, comme sur un
bon cheval. Les médias qui ont longtemps trouvé leur
intérêt à propager l'édition bisounours, vont se réveiller ?
Certains balancent parfois... mais l'essentiel reste
préservé : aucune véritable présentation du modèle
alternatif, l'auto-édition (quand un de leurs confrères auto-
édite, ils peuvent passer un article, la célèbre confraternité
de cette profession).

Jean-Marc Roberts ce héros

Jean-Marc Roberts, une sommité du monde des Lettres : auteur de nombreux romans (qui les a lus ?) mais surtout directeur des *Editions Stock*, une filiale du groupe *Hachette Livre* donc du mastodonte *Lagardère* (12% du capital au Qatar).

Il restera peut-être célèbre pour avoir lancé Christine Angot, écrivain suivant les critères de sa collègue Aurélie Filippetti.

Le 18 août 2009, sur *France-Inter*, monsieur Jean-Marc Roberts dégainait une théorie sur l'ebook : « *juste bon pour les SDF.* » Forcément ! Quand on réussit sa vie, on a une Rolex et une pièce suffisante pour stocker l'ensemble de ses livres, on peut même les acheter à plus de vingt euros... il ne faut surtout pas imaginer que la même œuvre puisse se vendre quatre fois moins chère avec le même revenu pour l'auteur !

Le 17 août 2011, cette fois presque chez lui, chez ses collègues d'*Europe 1* (du groupe Lagardère), au micro de Benjamin Petrover, ce fut d'abord une banale attaque contre « *ces petites machines que l'on voit partout que l'on appelle ordinateurs.* » Mais le meilleur allait suivre : « *Je vous avoue mon inquiétude. Je ne suis pas d'habitude très pessimiste, je suis plutôt "allez on y va, on positive, etc.", mais là, la première chose qu'il faut dire, c'est que certains libraires indépendants - les petits, les moyens, les grands aussi, sont en danger de mort. On peut publier autant de livres que l'on veut, si les gens ne retournent pas en librairie...* » Comme on le sait, chez Hachette, on a toujours soutenu les petites librairies qui vous vendent des livres ardus comme les édite le Groupe... Quant à la disparition des libraires : épiphénomène. L'essentiel, ne l'oubliez jamais, c'est l'écriture d'œuvres majeures et leur lecture par le plus grand nombre.

Et pour une suite logique à la loi Lang sur le prix unique, il invite à se « *battre pour un lieu unique.* » Une loi pour obtenir un monopole de la vente du livre : « *le lieu unique c'est la librairie, c'est pas la vente en ligne. La vente en ligne, moi je crois que c'est ça qui va peu à peu détourner le vrai lecteur de son libraire, et donc de la littérature.* » Qui passe encore chez un libraire, où le plus souvent il faudrait revenir car le livre désiré doit être commandé ! Mais ne sera pas envoyé au modeste acheteur !

Le vrai lecteur, pas le faux lecteur perdu dans un ebook de ce genre ! Et si Amazon ou la Fnac s'amusaient à déréférencer Hachette durant un mois, juste pour voir !

Ce combat s'inscrirait dans l'Histoire : « *Il y a trente ans, Jérôme Lindon s'est battu pour le prix unique. Aujourd'hui je pense qu'il faut se battre pour le lieu unique.* » Prix unique, lieu unique, éditeur unique ? Car enfin, toutes les maisons d'édition pourraient se regrouper sous l'enseigne Lagardère ? Est-ce que l'ancien directeur des *Éditions de Minuit*, se retourne dans sa tombe d'une telle récupération ?

Il faudrait aussi interdire les ordinateurs, peut-être, car enfin : « *le temps de cerveau disponible est beaucoup moins important, et malheureusement que ce soit pour les radios, pour les éditeurs, pour les libraires, je pense qu'il y a tout un temps consacré à aller sur un blog, choper une info, un scoop, une rumeur qu'on n'a pas... les gens passent deux à trois heures quotidiennes de leur vie à faire ça et pendant ce temps-là ils ne lisent pas.* »

Dans la galaxie Lagardère, Jean-Marc Roberts préparait les esprits à la grande tirade de Cyrano de Bergerac de Beigbeder contre l'ebook ?

S'agit-il d'un 100% Jean-Marc Roberts ? Car finalement, ces propos ont une certaine cohérence avec ceux de décembre 1998, retrouvés sur de vieilles notes (eh oui, avant Internet, il était utile de prendre des notes... cet article n'est pas en ligne, il fut publié le 17, dans le numéro 737 de *l'évènement du Jeudi*) : « *l'un des problèmes du système de l'édition, c'est la rotation des stocks. Un auteur travaille pendant des années un texte dont le sort va se jouer en deux semaines (...) Personne n'ose le dire, mais je vais vous le dire : il n'y a pas trop de livres, il y a trop d'éditeurs... ce sont en plus des maisons où les gens sont mal payés, les auteurs mal distribués... Le pire, c'est que les éditeurs qui ont pignon sur rue se sont mis, du coup, à trop publier dans le but d'occuper l'espace et les tables des libraires ! Plus il y a de petits éditeurs (ou de gros d'ailleurs) qui viennent au monde, plus les grandes maisons se sentent menacées, et plus elles publient !* »

Donc "chez Lagardère" les gens sont bien payés ? Et les auteurs bien distribués ! Bien payés ?

Un seul éditeur, un seul endroit où acheter des livres dont les marges sont naturellement imposées par le grand éditeur. Une seule radio (Europe 1 naturellement). Et un seul site internet accessible !

Comme ce serait beau un monde Lagardère. La nuit ?

Il est mort sans avoir prononcé "*Ce que François Mitterrand a fait pour le livre papier, il faut que François Hollande le continue. Aurélie Filippetti se placera ainsi*

au même niveau que Jack Lang dans l'Histoire de France. Tout livre, qu'il soit en papier ou numérique, doit être vendu par une librairie, doit avoir reçu l'aval d'un éditeur membre du Syndicat National de l'Edition, seul organisme à même de juger si une œuvre est ou non de qualité..." ?
Car enfin, soyons rationnels, si les lectrices et lecteurs se mettent à acheter chez les indépendants, même les écrivains Lagardère vont finir par comprendre qu'ils s'endorment peut-être dans une impasse, certes pour les beaux yeux des actionnaires, ce qui peut mériter une belle médaille par une ministre amie.

Le 25 mars 2013, Aurélie Filippetti était dans son rôle de ministre de la Culture et de la Communication, quand dans un communiqué elle a rendu hommage au patron d'une maison du groupe Hachette, plus grande entité d'édition du pays.

Mais le mélange vie privée, vie professionnelle et fonction politique me semble mettre en lumière le conflit d'intérêts exposé dans cet ouvrage.

« C'est avec une très grande peine que j'ai appris le décès de Jean-Marc Roberts, mon éditeur, mon ami.

Je voudrais dire mon éternelle gratitude pour celui qui m'a entourée de ses conseils avisés et de ses encouragements incessants, pour me donner la force et la confiance d'écrire, celui qui, depuis dix ans maintenant, était devenu mon ami.

Je voudrais rendre hommage à cet homme qui aimait si passionnément les livres qu'il consacrait autant d'énergie et de talent à les écrire et à les éditer et servait avec la même passion les livres des autres et les siens. S'il était un éditeur remarquable, fidèle, attentif, généreux, toujours si disponible, c'est parce qu'il était lui-même un très grand écrivain... »

Grand éditeur ? Le dernier livre pour lequel il s'est battu fut celui de Marcela Iacub, "*Belle et Bête*". Il fut "au cœur" d'une polémique. Son explication la plus intéressante, il la donna à *Libération* du 8 mars 2013.

« - Vous disiez que vous regrettiez l'évolution spectaculaire de l'édition. Certains vous objecteront que vous participez de cela, qu'avec la publication de *Belle et Bête*, vous vous vautrez dans une époque abjecte. C'est bien ce discours qu'on entend depuis quelques jours ?

- En effet, j'ai tout entendu et j'ai tout lu. Dans *le Monde*, des éditeurs, libraires, attachés de presse, auteurs rédigent et signent des pétitions parce qu'une maison comme *Stock*, qui a édité Zweig, s'abaisse à publier ce livre infâme... Et le misérable, c'est moi. Et puis il y a ces auteurs, certains parmi mes auteurs, qui s'indignent parce qu'ils partagent la même couverture bleue que Marcela Iacub...

Alors, je me suis demandé, et ça, ça m'a légèrement troublé : combien de signataires de droite et combien de gauche pour ce truc ? Et force est de constater qu'ils sont tous à gauche. C'est tout de même pénible. Mais évidemment, ils appartiennent à cette gauche qui, elle, a choisi le bon côté du flingue, à cette gauche des nantis qui tient les médias et l'édition. À cette gauche qui prétend savoir ce que c'est que la littérature, puisque la littérature, c'est forcément elle ! Des gardiens du temple, d'un mausolée... Ils me prennent pour un infiltré, ils n'ont pas tort, et ça, ça les rend dingues. Si j'ai adoré travailler avec Marcela Iacub, c'est parce qu'elle est tout le contraire. C'est quelqu'un qui n'affirme pas, qui adore changer d'avis, elle est en mouvement, comme tous les gens intéressants. Je lui ai dit : «Je ne veux pas la théoricienne», et elle a accepté. Elle a accompli un travail considérable. Elle a réussi un livre merveilleux, un grand roman fantastique, kafkaïen. Si on avait voulu faire un livre scandaleux et indigne, ce n'était pas compliqué, mais ça ne l'intéressait pas d'en écrire un, ni moi de le publier.

Certains de ces hommes et femmes parlent de complot, de machination, j'entends cela en permanence. C'est amusant comme cet argument, « la théorie du complot », revient dès qu'on ne comprend pas, dès que quelque chose, une œuvre d'art par exemple, nous dépasse. Tellement de bêtises... Et puis un homme de gauche ne cherche pas à faire interdire un livre, ce n'est pas vrai.

Mais ce n'est pas grave, c'est très bien même, et très drôle, tout ce bruit. Et tant pis, je mourrai quand même à gauche. Quand ? J'espère ne pas le savoir. Mais à gauche, parce que je marque mal.»
On remarque *« ces auteurs, certains parmi mes auteurs. »*

Et surtout *« cette gauche des nantis qui tient les médias et l'édition. À cette gauche qui prétend savoir ce que c'est que la littérature, puisque la littérature, c'est forcément elle ! Des gardiens du temple, d'un mausolée... »* Oui, de l'éditeur d'Aurélie Filippetti, Jean-Marc Roberts, quelques jours avant sa disparition. Grand écart ? Aurélie Filippetti est bien de cette gauche, non ?

Humainement, on peut simplement déplorer que M. Roberts se soit lancé dans ce genre d'aventure forcément source de stress plutôt que de mettre toute son énergie à combattre la maladie. C'est ce message que j'aurais préféré entendre de celle qui l'a si bien connu. J'ai lu avec émotion dans cette interview de Libé « *Je ne suis ni un éditeur important ni un romancier important. Il a fallu faire avec, faire faute de mieux, il a fallu apprendre à glisser... (...) On écrit avant tout pour soi. Et puis il y a des mots comme "revanche".* » Cet homme n'était peut-être pas tant éloigné de moi que j'ai pu le croire... Finalement, autrement, il était également auteur éditeur. Mais pas indépendant. C'est le mot indépendant qui gène dans ce pays. Nous apprenons à glisser, oui. Naturellement, pour tenir, "quelques compromission" semblent indispensables... Chacun en est là. Alors celui qui ose l'indépendance vous renvoie à vos petites compromissions. Combien de compromissions, madame Aurélie Filippetti ?

Oui, un éditeur labélise un auteur ! Aurélie Filippetti, Christine Angot, Marcela Iacub, même label. C'est le dernier "rempart" contre l'indépendance cette labellisation par l'éditeur ! Et nous voyons en quoi il consiste... Les maisons d'édition doivent bien vivre avec de gros succès et ce n'est pas forcément la qualité qui prime dans ce genre de projet... Donc cessez cette distorsion de concurrence, votre soutien à ce milieu !

Aurélie Filippetti est de ce milieu, elle n'a pas su s'en éloigner à son entrée Rue de Valois. Elle doit donc quitter ce ministère.

Soutenir la librairie classique, c'est soutenir les éditeurs installés, essayer de stopper le développement de l'auto-édition

Toujours dans le discours de madame la ministre au SNE en 2012 :

« Enfin, j'ai réuni les représentants des réseaux de librairies et des collectivités territoriales la semaine dernière, pour évoquer les premières perspectives d'un plan pour la librairie. Je tiens, bien entendu, à ce que vous soyez pleinement associés à cette discussion car, encore une fois, votre responsabilité sur la chaîne du livre est grande. »

Il faut cesser de soutenir une librairie condamnée si elle se montre incapable d'évoluer.

La librairie, même celle dite indépendante, a depuis longtemps choisi son camp : le travail avec les distributeurs, donc l'absence en ses murs des écrivains indépendants, et l'absence en ses murs des "vieux livres" (envoyés au pilon). La librairie a choisi le circuit proposé par les puissances d'argent, où l'édition indépendante ne pouvait entrer. Dans la nouvelle donne du livre numérique, elle peut légitiment prétendre jouer un rôle d'intermédiaire mais elle doit rapidement trouver sa place. **C'est aux libraires de trouver leur place dans la révolution numérique, non aux écrivains de leur offrir du chiffre d'affaires !** Qu'ils vendent des liseuses, des tablettes, installent des bornes de téléchargement d'ebooks et invitent des écrivains (naturellement en payant leur travail, leur déplacement, leur présence, et non en les obtenant gratuitement comme ils y parviennent souvent encore actuellement).

Au salon du livre de Parie, la ministre aurait pu vouloir marquer les esprits avec une annonce choc ! Elle semble avoir préféré les préparer ! Peut-être pour y être bien accueillie, sans cri du genre *"Filippetti trahison, Filippetti démission."* En février 2013, en marge du Festival International de la Bande Dessinée d'Angoulême : « *Moi, ce que je souhaite faire, c'est établir un ensemble de mesures de soutien notamment pour les libraires. Je pense qu'il n'y a pas de bande dessinée, d'auteurs de bande dessinée, s'il n'y a pas de libraires pour faire aimer et découvrir la richesse de la bande dessinée au lecteur. J'annoncerai bientôt, fin mars au Salon du Livre, un programme pour la librairie qui ne concernera évidemment pas que la BD mais tous les libraires et qui constitue le meilleur moyen de soutenir l'univers de la bande dessinée.* »

Et effectivement le lundi 25 mars 2013 elle lança un plan d'aide aux librairies indépendantes : 9 millions d'euros ! Librairies prétendues indépendantes, en totale dépendance éditoriale...
Avec une présentation intolérable dans la situation française où les auteurs indépendants ne peuvent parvenir sur les tables des libraires : « Le libraire s'inscrit, comme les bibliothèques, dans le réseau qui permet la création et la diversité éditoriale. »

Le modèle économique de l'auto-édition des ebooks

Pour montrer qu'une autre voie est possible : sur chaque exemplaire vendu, je toucherai combien ? Je le sais au centime près, ayant déjà commercialisé des ebooks à ce prix.

Les chiffres ! Oui, les vrais chiffres issus des tableaux de ventes.
Je pratique parfois le 99 centimes d'euro, surtout pour les pièces de théâtre. Lors des ventes sur Amazon (taux de tva à 3%) : 0,99 TTC soit 0,96 HT. 40% de marge (30% Amazon, 10% Immateriel) : 0,38
Soit 0,58 euro pour l'auteur-éditeur.

Prix Public TTC	Monnaie	Taux	Quantité	ID commandée	Revendeur	Description	Remise revendeur	Prix net HT remise	Total net HT
0,99	EUR	3,00	1	793389		Amazon Kindle	40	0,58	0,58

Les ventes générées sur les librairies françaises sont naturellement assujetties au taux de tva à 7% (5,5% en 2013 et on verra en 2014). Mais avec une remise revendeur à 35% sur les ebooks vendus sur immateriel.fr, 60 centimes reviennent à l'auteur-éditeur.

Prix Public TTC	Monnaie	Taux	Quantité	ID commandée	Revendeur	Description	Remise revendeur	Prix net HT remise	Total net HT
0,99	EUR	7,00	1	673804		immateriel.fr	35	0,60	0,60

Il existe bien des cas de 7% avec 40% de remise, comme les ventes par la Fnac.

0.95	EUR	7.00	1	720426	Fnac.com		40	0.56	0.56

Alors, 56 centimes "seulement" reviennent à l'auteur-éditeur.

Ce montant "dérisoire" est à rapprocher du revenu pour l'auteur d'une œuvre en livre de poche, dont le prix moyen oscille autour de 6 euros, avec un taux de droit d'auteur à 5% ! Soit 30 centimes. Retenez donc qu'il vaut mieux pour l'auteur vendre en ebook à 99 centimes qu'en livre de poche. Les auteurs de best-sellers y réfléchiront ?

Les ebooks à 1 euro 99 :

Prix Public TTC	Monnaie	Taux	Quantité	ID commande	Revendeur	Description	Remise revendeur	Prix net HT remise	Total net HT
1.99	EUR	3.00	1	873311	Amazon Kindle		40	1.16	1.16
1.99	EUR	7.00	1	816436	immatériel.fr		35	1.21	1.21

Les ebooks à 2 euros 99 :

Prix Public TTC	Monnaie	Taux	Quantité	ID commande	Revendeur	Description	Remise revendeur	Prix net HT remise	Total net HT
2.99	EUR	3.00	1	815705	Apple iBookstore		40	1.74	1.74
2.99	EUR	7.00	1	813976	immatériel.fr		35	1.81	1.81

Naturellement, certains préfèrent vendre à 9 euros 99...
Les ebooks à 4 euros 99 offrent pourtant déjà un

respectable revenu à l'éditeur. L'auteur-éditeur perçoit ainsi ce qu'un auteur "chez un éditeur classique" obtient en moyenne avec un livre en papier vendu 29 euros ! (10% de droits d'auteur)

4,99	EUR	3,00	1	869984	Apple iBookstore		40	2,90	2,90

Le revenu dépasse même les trois euros avec certains circuits.

4,99	EUR	7,00	1	826287	ePagine		35	3,03	3,03

Paroles d'écrivains au sujet des éditeurs

Naturellement, les lectrices et lecteurs manquent d'informations. Et les éditeurs trouvent toujours "un bon auteur" pour les glorifier. Le nom Rivarol renvoie malheureusement désormais à un hebdomadaire d'extrême droite alors qu'Antoine Rivaroli, dit Rivarol, fut un écrivain, né le 23 juin 1753 à Bagnols-sur-Cèze et mort le 11 avril 1801 à Berlin. Son grand-père s'appelait « Rivaroli », francisé par son père en « Rivarol » quand il s'installa en France. Donc bien avant les mineurs chers à Aurélie F ! Selon l'essayiste « *les libraires éditeurs sont tous des suppôts de Satan, pour lesquels il devrait y avoir un enfer spécial.* »

Naturellement, les éditeurs-distributeurs sont leurs héritiers directs en pouvoir mais non en attitude ! Vous nous parlez d'un temps d'avant la maison Gallimard !

Marcel Aymé, dans une lettre à sa sœur, le 27 juillet 1928, notait : « *je mets le moins possible les pieds à la NRF. Tous ces gens normaliens ou ratés de Normale m'embêtent, gonflés de leurs diplômes au fond.* » Le même analysait précédemment, en 1927 : « *Rien de plus embêtant que de courir les éditeurs en faisant figure de génie méconnu ou d'incompris. C'est ridicule.* » Mais le passage par un éditeur était alors indispensable pour espérer atteindre le grand public.

Léon Bloy, au sujet des éditeurs : « *Race ignoble de mercantis qui voudraient s'enrichir de la souffrance d'un artiste, sans courir l'ombre d'un risque, même illusoire. Si je devenais célèbre, tous ces chiens seraient pendus à ma sonnette.* »

Tout euro donné aux éditeurs et aux libraires est un euro mal utilisé

J'ai analysé une loi indigne de la France dans « *écrivains, réveillez-vous !* - *La loi 2012-287 du 1er mars 2012 et autres somnifères* », ses millions d'aides « indirectes » budgétisés. Même en modifiant le Code de la Propriété Intellectuelle, ce texte semble contraire à la législation en vigueur mais peu importe, visiblement, pour les installés : le passage en force au nom « de la culture » reste possible. Qui réagira lors du décret d'application ? Et surtout : quelle parade ont déjà préparé les installés pour essayer d'appliquer ce qui pourra l'être ? Un peu de gagné contre les écrivains, c'est déjà ça de gagné !

De l'argent coule à flot en France ! Oui ! Par exemple le projet 1001libraires bénéficia des largesses générales, ça ne l'a pas empêché de couler un an plus tard, avec les regrets d'Aurélie.

À peine le temps de sourire, qu'un autre projet français de librairie numérique recevait les grands soutiens : son « nom de code » peut prêter au sarcasme chez les vilains : MO3T (Modèle Ouvert Trois Tiers). Naturellement annoncé ès concurrent d'Amazon (Kindle Boutique), d'Apple (iBooks) et Google (Play), il s'agit d'un bébé Orange. France Télécom mais associé à SFR ! Ce qui promet des tours de table peut-être difficiles. Les edistributeurs Eden (créé par Gallimard) et Editis sont de la partie, comme la FNAC (pourtant déjà dans l'ebook avec Kobo !). Et ce bel ensemble a reçu le soutien du Commissaire Général à l'Investissement qui investit 3 millions d'euros pour un test de six mois !

Étape suivante, début 2013, où plusieurs dizaines de

millions d'euros lancés dans la bataille. Un écrivain indépendant ne représentant RIEN devant ces chiffres, lui qui cherche à vendre un millier d'ebooks par mois pour vivre de sa plume. Fin 2013 : Read and Go "kiosque et librairie numérique" vend... mes gratuits... j'attends la première vraie vente !

Le parcours d'Aurélie Filippetti...

Même s'il semble de bon ton de considérer notre ministre comme une excellentissime romancière (la France, ce beau pays où une jeune femme écrivain dirige la culture), j'espère qu'elle n'est pas dupe ! Se serait-elle à ce point engagée en politique si elle avait cru en ses capacités littéraires ? Nous avons presque le même âge, donc forcément son cas m'intéresse encore plus. Malgré quelques errements (comme ce samedi 9 février 2013 où elle se laisse entraîner dans les petites phrases sur twitter, tentant de "racheter " son « *c'est l'éditeur qui fait la littérature* » et finalement dans une parenthèse note à 18 heures 15 « *(l'auto-édition est riche de promesses)* » au point que je répondais rapidement en jurant ne pas avoir piraté son compte ! (ce qui ne fut pas repris par le monde impitoyable de twitter capable de retwitter des milliers de fois les banalités des Justin et compagnie)

Pour comprendre une politique, parfois il convient de comprendre la personne, son parcours. Ségoléniste en 2007, elle fut l'une des premières à rejoindre François Hollande, quand le PS misait sur DSK, peut-être pas forcément pour des raisons de convictions. Elle fut ainsi entendue par des policiers, à la demande du parquet de Paris, au sujet des déclarations de Tristane Banon après sa plainte pour tentative de viol contre DSK... Car en 2008, la députée avait confié une drague "*très lourde, très appuyée*" du grand homme de gauche et sa parade : "*je me suis arrangée pour ne pas me retrouver seule avec lui dans un endroit fermé*" ; serait-elle devenue sa ministre de la culture ? Aurélie culture, deux syllabes intéressaient

peut-être l'éminent Dominique (qui aurait fait un excellent Premier Ministre selon la Ségolène 2007...)
Quand DSK et Cahuzac se rencontrent, qu'est-ce qu'ils se racontent ?

Ainsi, à 38 ans, la députée socialiste de Moselle, fut chargée, au sein de l'équipe du plus fin politique de son parti, des dossiers de la culture et des médias.
Quand elle reçut *Le Monde*, pour un article publié le 22 décembre 2011, ce fut dans son bureau de l'Assemblée où elle avait accroché la reproduction d'une œuvre d'Ernest Pignon Ernest, celle où un « *Je t'aime* » barre sur un mur un « *Défense d'afficher* » à côté de la silhouette d'Arthur Rimbaud jeune. Et elle précisa « *Elle était dans ma chambre quand j'étais étudiante. J'aime Rimbaud. Et j'aime Ernest Pignon-Ernest. J'aime l'idée qu'on peut faire de l'art sans moyens.* »
Je l'ai également eue, mais en carte postale, cette reproduction. Peut-être même m'a-t-elle suivie dans le Lot, et patienterait dans un carton.

Vous souvenez-vous, madame la ministre, de ce "romantique" « *j'aime l'idée qu'on peut faire de l'art sans moyens* » ? Certes, vous n'aviez pas précisé que l'on puisse en vivre ! Que l'on devienne des Arthur Rimbaud ? Des trafiquants d'armes en Afrique ?
À la question : « *Alors vous êtes la prochaine ministre de la culture si la gauche gagne la présidentielle ?* »
Réponse charmante, on sent déjà une certaine connivence entre la future ministre et les journalistes qui la suivront : « *(Elle rit...) Allez, je n'ai pas envie de parler de ça.* »

Mais aussitôt à : « *Pourquoi vous, à ce poste ?* » elle enchaîne comme d'une chose acquise : « *Je viens d'une famille communiste, où l'objectif d'émancipation par la culture était très fort, où il n'y avait pas de projet politique sans projet culturel. La culture, c'est lutter contre les inégalités, c'est sortir d'une vision apocalyptique de l'avenir. La culture donne un sens à la vie. Moi, ce qui m'a sauvée, c'est la littérature. Une prof de français formidable qui nous faisait découvrir plein de choses. À nous qui étions des enfants d'immigrés italiens, polonais, maghrébins, elle faisait lire Georges Perec. Quand je suis partie au lycée à Metz, elle m'a offert une « Pléiade » de Marguerite Yourcenar. C'était comme si elle me transmettait le flambeau. J'y ai vu ce message : faire des études, cela ne veut pas seulement dire avoir un travail et de l'argent, c'est une émancipation intellectuelle qui donne un autre rapport au monde.* »

Historiquement, quand le communisme s'occupa de la culture, les artistes ont eu le choix entre la ligne du parti et la dissidence, en l'occurrence le samizdat (auto-édition). Annonçait-elle en filigrane que les artistes français allaient avoir le choix entre suivre sa ligne ou partir ? Le "départ à l'est" de Gérard Depardieu prend, sous cette optique historique est-ouest, une dimension pour l'instant insoupçonnée par nos vaillantes plumes...

Donc « *La culture, c'est lutter contre les inégalités* » sauf pour les créateurs ? Quant à cette « *émancipation intellectuelle qui donne un autre rapport au monde* », elle se perd dès qu'on accède au pouvoir ?

Nous avons pourtant un point commun. Je pourrais également déclarer « *moi, ce qui m'a sauvé, c'est la littérature.* » Même si, comme je l'ai écrit dans une parodie d'une bluette de Vincent Delerm « *y'en a pas fait d'bouquin mon père, de ses dernières gorgées de bières...* » À 20 ans, un bac + 2, c'était déjà énorme pour un fils d'agriculteurs, c'était même la première fois qu'un tel diplôme arrivait dans le village, donc je suis entré dans une forme d'usine, une forme de mine, un bureau, chez l'assureur des agriculteurs.

Retour aux questions. Et attention, si elle fait de vieux os rue de Valois, le pire est peut-être à venir ! Car elle répondait à « *De tout ça, en tant qu'écrivaine, vous avez trouvé matière à récit. Vous pensez que le temps de l'enfance est celui de la culture. Que celle-ci nécessite une politique volontariste ou éducative...* » un dangereux « *Je ne crois pas à la vision de Malraux selon laquelle il suffirait de mettre les gens en présence de l'art pour leur en donner le goût. Il faut travailler sur la durée. D'où l'importance de l'éducation artistique. D'où l'idée de créer un jumelage entre un artiste et une classe tout au long d'une année scolaire. Il faut montrer l'art, mais aussi expliquer la démarche de création.* »

Un jumelage entre un artiste et une classe ! Idée communiste de l'artiste utile ! François Bayrou proposa également quelque chose dans ce genre, d'aussi aberrant, peut-être chez lui en logique religieuse ! Nous organisons un système pour que vous ne puissiez pas vivre de vos œuvres donc rendez-vous utiles en suivant une classe. Un artiste n'est pas un prof, il n'en a pas les mêmes qualités ni les mêmes défauts. Que signifie dans une tête ayant effectué la symbiose du communisme et de nos grandes écoles « *expliquer la démarche de création* » ? Expliquer la nécessaire soumission aux Lagardère et Gallimard ?

Qu'un écrivain doit rester un enfant qui attend l'approbation et les félicitations d'une grande personne ?

Question politique : « *Certains artistes et professionnels, à gauche, s'inquiètent de ce qu'ils imaginent de votre programme et se disent plus écoutés chez Sarkozy...* »
Réponse à relire : « *Sarkozy drague à fond le monde de la culture. Entre l'homme qui affirmait il y a cinq ans que La Princesse de Clèves n'intéresserait pas une guichetière, et celui qui, aujourd'hui, veut donner l'image d'un président cultivé, il y a un fossé... Mais face aux révolutions technologiques, la gauche a toujours su répondre en défendant les droits des auteurs – loi Lang sur le prix unique du livre, loi sur la copie privée... Sarkozy veut faire croire que la culture est une citadelle assiégée par des hordes de jeunes délinquants, des "pirates", version culturelle du "caillera". Opposer à ce point les artistes et la jeunesse, c'est une aberration.* »
Comment, après avoir prétendu « *face aux révolutions technologiques, la gauche a toujours su répondre en défendant les droits des auteurs* », mener une politique pour les éditeurs ? Car il faut des éditeurs millionnaires pour qu'un peu de miettes tombent sous la table ?

Quant aux deux exemples, loi Lang sur le prix unique du livre et loi sur la copie privée, il faudrait arrêter de ne pas oser les critiquer ! La loi Lang n'a permis qu'aux industriels de l'édition de contrôler un marché duquel les indépendants furent exclus et même des « grandes maisons » n'eurent d'autre choix que de se vendre aux mastodontes. Quant à la loi sur la copie privée, elle est l'une des plus honteuses de la République, excluant les indépendants de toute part du gâteau.

Encore une question (on sent qu'elle fut suggérée, non ?) dont la réponse mérite une analyse au-delà du journalisme d'accompagnement au *Monde* : « *Vous parlez de dérives, alors prenons le cas du mécénat : jusqu'à quel point la culture peut-elle être financée par le privé ?* » Pour l'élue de Lorraine : « *Il faut que le ministère de la culture retrouve une certaine cohérence sur le mécénat. Je prends l'exemple du Centre Pompidou de Metz, qui est par ailleurs une réussite – les objectifs de fréquentation ont été dépassés et il draine des visiteurs qui n'étaient jamais allés au musée. Mais quand je vois le nom de Wendel apposé sur l'amphithéâtre sous prétexte que ce groupe – issu de la dynastie qui a régné pendant des siècles sur l'acier en Lorraine – a joué les mécènes, ça me fait mal... La somme est dérisoire au regard de l'honneur qui lui est fait. Les musées se bradent à des entrepreneurs et c'est dommageable. C'est pourquoi nous sommes favorables à la création d'une charte nationale du mécénat, une sorte de dispositif d'agrément de tout marché qui dépasserait le million d'euros. La Cour des comptes dit exactement la même chose dans un récent rapport...* »

Les écrivains doivent se brader à un éditeur, madame la ministre ? Les 10% de droits d'auteur sont une somme « *dérisoire au regard de l'honneur qui lui est fait* » d'apposer leur nom sur la couverture d'une œuvre !

Wendel, c'est l'exploiteur tel qu'elle le décrit dans son roman familial, c'est celui qui a prospéré sur l'acier lorrain, comme Gallimard a prospéré sur les écrivains. Qu'elle se sente, dans ses réactions, plus proche des ouvriers sidérurgistes que des écrivains pose quand même un problème pour une ministre de la Culture, qui prétend tirer sa légitimité également de son talent d'écrivain... Il s'agissait de propos recueillis par Clarisse Fabre et Laurent Carpentier.

La ministre des éditeurs peut-elle rester celle des écrivains, donc de la culture ?

Après Cahuzac, un dossier pour le Président François Hollande... si mon analyse est relayée. Cette contribution sera-t-elle lue ?

Le remplacement d'Aurélie Filippetti, pour cette raison, constituerait un signe fort contre les lobbies, un acte majeur d'un Président Normal. Etre normal en actes est possible ? Est-ce être normal que de ne pas suivre les recommandations des lobbies ?

C'est écrit, ce sera publié. On ne sait jamais ce que devient un livre après son lancement. Même si le plus probable reste l'indifférence (comme pour mes précédents écrits !), il arrivera bien un jour où l'analyse juste s'imposera... (comme dirait Ségolène ?)

Sommes-nous un pays où Aurélie Filippetti auteur Lagardère peut rester rue de Valois pour y favoriser les éditeurs traditionnels au détriment des indépendants ?

Gutenberg naturellement... En 1450, il obtient le financement d'un riche banquier, Johann Fust. Il peut se lancer dans son grand projet. Il a alors une cinquantaine d'années (né vers 1400 à Mayence) et vient d'inventer des caractères métalliques mobiles qui doivent permettre d'imprimer des livres. Un peu comme l'ebook, le livre de Gutenberg connaît des débuts difficiles : ses bibles (considérées de 1455, date "officielle" du "début de l'imprimerie") se vendent difficilement et Fust (qui avait cru au succès rapide promis) intente un procès. Le tribunal trancha en faveur du financier, qui obtint la gestion de l'atelier et la presse mise en gage.... Notre Gutenberg sera finalement sauvé de la misère grâce à Adolphe II de Nassau, qui lui accorda une pension et le titre de gentilhomme. Ça ne vous rappelle pas les balbutiements des premiers « readers », les premières tablettes de lecture ?

1835 : entrée dans le Dictionnaire de l'académie française du terme "éditeur", utilisé depuis le début du siècle.

1842 : à 44 ans, Eugène Renduel prend sa retraite, retourne dans son Morvan, fortune faite. Il fut l'éditeur de Victor Hugo, Musset... Il laisse un boulevard dont sauront profiter Michel Lévy et Louis Hachette.

2005 : http://www.auto-edition.com s'étonne, sans parvenir à médiatiser cette analyse, de l'absence du terme "auto-édition" dans *le Dictionnaire Culturel en langue française Le Robert* d'Alain Rey, pourtant auto-édité ! Mais il existe une entrée « samizdat » avec noté : *1960, emprunt au Russe, "auto-édition" ; diffusion clandestine, dans l'ancienne URSS des ouvrages interdits par la censure.*

Limiter à l'ancienne URSS est inexact : ainsi Milan Kundera, en Tchécoslovaquie, auto-éditait ses livres... il s'agissait d'une pratique courante dans l'ancien "bloc de l'est"...

L'éditeur est-il encore utile à l'écrivain ?

Un éditeur est utile à l'écrivain quand il lui permet une rétribution des œuvres inaccessible autrement. C'est ainsi depuis deux siècles, l'édition "moderne". Ce n'est pas pour leurs beaux yeux ni pour leur talent exceptionnel si les auteurs "abandonnent" ainsi la gestion de leurs textes : les éditeurs sont parvenus à contrôler le système de l'édition, en décidant de ce qui sera repris par les médias et présent sur les tables des libraires.

« N'étant lié l'un à l'autre par aucun écrit, je cherche mon plus grand avantage, comme auteur, de même que vous cherchez le vôtre, comme éditeur. Rien de plus naturel. » Il ne s'agit pas d'une célèbre réponse d'un auteur au sujet de la version numérique qu'il préfère auto-éditer plutôt que de la laisser à l'éditeur du livre en papier mais de celle de Maupassant, en 1885, à l'éditeur Charpentier qui souhaita une exclusivité sur ses écrits. Balzac utilisa ainsi une trentaine d'éditeurs.

Pour la version papier, l'éditeur est donc encore très utile à l'écrivain : la quasi totalité des bouquins se vendent où ils sont en rayon, grandes surfaces et librairies. Ou sur internet mais après avoir été chroniqués dans les vieux médias, donc par des amis des éditeurs (les exceptions peuvent s'intéresser à mes livres).

Pour la version numérique, le contrôle des lieux de vente ne fonctionne plus : Amazon, Itunes, Kobo et les autres référencent Stéphane Ternoise comme Philippe Sollers. Même si la notoriété de l'écrivain lui occasionne des ventes aussi en numérique... heureusement, finalement, les prix prohibitifs des ebooks des installés (qui souhaitent privilégier la version en papier), permettent une visibilité aux indépendants aptes à proposer des prix bas. Alors, qu'apportera l'éditeur dans la compétition numérique ?

Pour certains, l'éditeur dépose une couronne sainte sur la tête, un statut social. Finalement le cas de ces gens-là intéresse peu l'écrivain en réflexion sur le "comment vivre de ma plume ?".

Le Bief, Bureau international de l'édition française, organisme chargé de promouvoir l'édition nationale à l'étranger, a présenté le 7 mars 2011 une étude intitulée *Les achats et ventes de droits de livres numériques : panorama de pratiques internationales.* Il semble vouloir conseiller nos éditeurs : « *la politique du tout ou rien que pratiquent plusieurs maisons anglo-saxonnes, consistant à refuser d'acquérir les droits papier si les droits numériques ne sont pas inclus, semble être efficace par son caractère dissuasif.* »
Face au "tout ou rien" d'un éditeur, comment doit réagir l'écrivain ? Suivant son intérêt ! Chaque cas est alors particulier mais qu'il ne se sente pas obligé de signer !

Un éditeur me serait encore utile ! Il me permettrait de vendre nettement plus de livres en papier. Mais c'est par conviction que j'ai choisi l'indépendance, cette certitude de vivre une époque charnière où ma voie va rapidement passer de marginale à précurseur. Mes romans pourraient s'inscrire au catalogue de nombreux éditeurs mais ce genre d'essai, j'en doute.

L'excessif pouvoir des éditeurs nuit à la littérature

« *Hé bien ! La guerre continue, la guerre pour trouver ce minimum de paix nécessaire, un éditeur, un contrat, de quoi tenir encore quelques mois. J'en suis là.* »
Ma vie (titre provisoire) de Jack-Alain Léger.
Signer un contrat, empocher un à-valoir, si modeste soit-il, écrire sur commande tout et n'importe quoi. Face aux auteurs en grandes difficultés quotidiennes, les éditeurs apparaissent comme des mastodontes financiers. Dix pages plus tôt, l'auteur qui en même temps publiait sous le nom de Paul Smaïl, notait « *où se situe la ligne de partage entre le compromis acceptable et l'inadmissible compromission ?* »

Durant cette décennie, que l'auteur puisse choisir entre une auto-édition dans des conditions décentes (accès à un large public donc aux médias) et un éditeur traditionnel, rééquilibrerait la relation auteur-éditeur. Ce serait plutôt le rôle d'un ministère de la Culture de veiller à une concurrence loyale entre les écrivains des éditeurs installés et les indépendants. Quant à la décennie suivante, le statut d'auteur-éditeur pourrait naturellement s'y substituer à celui d'éditeur-distributeur, l'écrivain devenant alors le rouage essentiel, indépendant des sites de ventes comme des distributeurs.

La révolution numérique...

« *Nos sociétés occidentales ont déjà vécu deux grandes révolutions : le passage de l'oral à l'écrit, puis de l'écrit à l'imprimé. La troisième est le passage de l'imprimé aux nouvelles technologies, tout aussi majeure. Chacune de ces révolutions s'est accompagnée de mutations politiques et sociales : lors du passage de l'oral à l'écrit s'est inventée la pédagogie, par exemple. Ce sont des périodes de crise aussi, comme celle que nous vivons aujourd'hui.* »
Michel Serres, le 3 septembre 2011, dans *Libération*.

Il n'est peut-être pas surprenant que des éditeurs plus préoccupés de leur survie que de la logique historique ne puissent comprendre les véritables enjeux de la révolution numérique. Il en va malheureusement de même pour la ministre et son ministère, sclérosés par les vieilles pensées, les vieux schémas, les pesanteurs administratives. Nous devons certes expliquer. Mais surtout avancer. Foncer même. Peu importent les critiques, les dénigrements. Il s'agit d'écrire. Lire et écrire. Finalement, l'essentiel de la vie d'un écrivain perdure : il perd du temps dans la gestion de sa web réputation et promotion comme il en perdait avant dans la quête d'un éditeur et la représentation, des cocktails au copinage.

L'actuel statut prééminent d'éditeur-distributeur a succédé à celui d'éditeur-libraire. Historiquement, cette révolution numérique peut accoucher d'une simple et belle « continuité » de la longue transformation, une redistribution des rôles. Dans cette hypothèse, il aura donc fallu trois siècles à l'auteur pour s'extraire des marchands.

75

Concurrence déloyale...

le 9 janvier 2013, madame la ministre lançait « *concurrence déloyale* » à la figure d'Amazon pour expliquer le dépôt de bilan de VirginMegaStore... De nombreux anciens disquaires ont pourtant considéré leur disparition comme une conséquence du développement des grands groupes avec lesquels nos majors préféraient travailler et ont souvent accusé les politiques de les avoir laissés crever.

L'expression « *concurrence déloyale* », je l'attends d'Aurélie Filippetti pour qualifier la position des "éditeurs traditionnels" par rapport aux indépendants.

Savez-vous, madame la ministre, qui dénoncez la concurrence déloyale d'Amazon par rapport aux libraires, que nous, les écrivains indépendants [profession libérale, travailleur indépendant], sommes les victimes de la concurrence déloyale des grands groupes de l'édition, dirigés par ces grandes fortunes de France que sont les Lagardère, Gallimard, Esménard, de La Martinière, Glénat ?

Ces mastodontes, abondamment subventionnés, nous bloquent même l'accès aux 25 000 points de vente des livres en papier, via leurs "distributeurs" (j'ai développé dans "*écrivains, réveillez-vous !*" et "*le manifeste de l'auto-édition*"). Depuis des décennies ce "dysfonctionnement" semble convenir aux libraires, peut-être plus intéressés par le commerce que par la "diversité éditoriale" (exhiber un libraire indépendant passionné pour représenter la profession m'apparaît toujours légèrement ridicule...)

Oui, madame la ministre, pour nous, écrivains indépendants, Amazon, Itunes, Kobo sont une chance. Le livre numérique est une chance. Quand vous attaquez ces groupes, vous nous attaquez. Oh ils ne sont pas parfaits, ils souhaitent gagner de l'argent mais proposent un système OUVERT quand nos "grands éditeurs" ont fermé, confisqué, l'édition (pour imposer un système où plus de 100 millions de bouquins finissent chaque année au pilon !)

Malgré votre récent tweet sur les belles promesses de l'auto-édition (peut-être un soir de blues), vous ne vous êtes pas privée, depuis votre nomination, d'attaquer cette voie.

Affaire des livres indisponibles du vingtième siècle

Le décret sur l'application des articles L. 134-1 à L. 134-9 du code de la propriété intellectuelle, relatif à l'exploitation numérique des livres indisponibles du XXe siècle disponible, fut publié le 27 février 2013 (décret n° 2013-182).
Compétence d'Aurélie F.

Ainsi le vendredi 22 mars 2013 dans le cadre des Assises du livre numérique au Salon du Livre de Paris, petite manifestation dans la grande « *organisée par le SNE avec le soutien de la SOFIA* », il y eut une présentation de ReLIRE, le Registre des Livres Indisponibles en Réédition Electronique, par Arnaud Beaufort, directeur des services et des réseaux et directeur général adjoint (BnF).
De l'argent qui sera géré par cette SOFIA, déjà gestionnaire du droit de prêt en bibliothèques et de la manne de la copie privée... sommes auxquelles les écrivains indépendants ne peuvent prétendre ! C'est légal, c'est la loi. La loi est-elle légale ?
Lire sur le sujet « *Écrivains, réveillez-vous ! - La loi 2012-287 du 1er mars 2012 et autres somnifères* »

Naturellement, madame AF n'était pas ministre lors du vote de cette loi... elle était "simplement" députée spécialiste du monde de l'édition... qui ne s'est pas opposée à cette captation de droits qui appartiennent aux auteurs par les éditeurs. Une loi qui profite de fait aux éditeurs. Lagardère (Hachette) étant le premier du pays...

L'interdiction de l'auto-édition serait plus simple, madame Filippetti !

Mon combat est perdu d'avance ou réussirai-je à imposer ma voie, faire entendre ma voix ? Est-il possible aujourd'hui d'être écrivain indépendant en France ? Madame Aurélie Filippetti, puisque vous soutenez tellement les installés, partagez leurs craintes, souhaitez les protéger contre Amazon, demandez donc au parlement d'interdire l'auto-édition ! Tout livre devra recevoir le sceau d'un éditeur accrédité par la reine, oh excusez ma plume, rayez ce « par la reine », nous vivons en oligarchie, oh zut, encore un terme à biffer car nous vivons en démocratie, un éditeur accrédité par le SNE, Syndicat National de l'Edition. D'ailleurs, le SNE, est déjà le « Syndicat National de l'Edition » alors qu'en réalité il ne peut prétendre qu'au titre de « Syndicat National des éditeurs traditionnels. » (vous comprenez la nuance, madame la ministre ? l'édition, en bon français, ce serait également l'auto-édition…)

Un écrivain doit se soumettre aux éditeurs traditionnels et s'il veut rester indépendant, qu'il crève ? Ou parte au Burkina Faso ? Non, la Russie ne me tente pas... je suis francophone !

Là-bas, avec mes revenus numériques, je pourrai vivre ! Parce que j'ai abandonné tout espoir au sujet du livre en papier…

Lettre sans réponse à madame Aurélie Filippetti, Ministre de la Culture

Stéphane Ternoise
http://www.ecrivain.pro

Jean-Luc Petit
BP 17
46800 Montcuq

> Madame Aurélie Filippetti
> Mme la Ministre de la culture
>   et de la communication
> 3, rue de Valois
> 75001 Paris

Montcuq le 16 février 2013,

Madame la Ministre de Culture,
Madame la Romancière engagée,

Madame Sylvia Pinel m'avait conseillé de vous contacter, quand je l'avais croisée durant la campagne législative. Elle m'avait avoué ne pas suivre la culture mais, ès parlementaire, avoir voté comme le recommandait son groupe, dans lequel vous étiez une spécialiste du domaine… La vie parlementaire fonctionnerait ainsi, paraît-il. *"Faut laisser faire les spécialistes"* chantait un lotois, Léo Ferré.

Pourtant la loi dite sur les *livres indisponibles* du XXe

siècle, "*écrite par les éditeurs, pour les éditeurs*", fut votée. Comme sont toujours en vigueur les lois sur la copie privée et le prêt en bibliothèque, textes discriminatoires qui excluent les écrivains indépendants.

Savez-vous, madame la ministre, qui dénoncez la concurrence déloyale d'Amazon par rapport aux libraires, que nous, les écrivains indépendants [profession libérale, travailleur indépendant], sommes les victimes de la concurrence déloyale des grands groupes de l'édition, dirigés par ces grandes fortunes de France que sont les Lagardère, Gallimard, Esménard, de La Martinière, Glénat ?

Ces mastodontes, abondamment subventionnés, nous bloquent même l'accès aux 25 000 points de vente des livres en papier, via leurs "distributeurs" (j'ai développé dans "*écrivains, réveillez-vous !*" et "*le manifeste de l'auto-édition*"). Depuis des décennies ce "dysfonctionnement" semble convenir aux libraires, peut-être plus intéressés par le commerce que par la "diversité éditoriale" (exhiber un libraire indépendant passionné pour représenter la profession m'apparaît toujours légèrement ridicule...)

Oui, madame la ministre, pour nous, écrivains indépendants, Amazon, Itunes, Kobo sont une chance. Le livre numérique est une chance. Quand vous attaquez ces groupes, vous nous attaquez. Oh ils ne sont pas parfaits, ils souhaitent gagner de l'argent mais proposent un système OUVERT quand nos "grands éditeurs" ont fermé, confisqué, l'édition (pour imposer un système où plus de 100 millions de bouquins finissent chaque année au pilon !)

81

Malgré votre récent tweet sur les belles promesses de l'auto-édition, vous ne vous êtes pas privée, depuis votre nomination, d'attaquer cette voie. Votre « *utopique* » devant le SNE par exemple où vous parliez d'industrie au sujet de l'édition (j'ai alors créé www.utopie.pro pour présenter une utopie professionnelle). Non, madame la ministre, la littérature, ce n'est pas de l'industrie mais de l'artisanat. L'éditeur ne fait pas la littérature, il fait du commerce. Marcel Proust n'a pas eu besoin de Gallimard pour écrire son œuvre mais il a eu besoin de son réseau commercial pour qu'elle soit connue. Sénèque, Rabelais, La Fontaine, Homère, ont plus fait pour la littérature que M. Antoine Gallimard et M. Arnaud Lagardère, vos "grands héritiers préférés"...

Quand vous déclarez au Festival de la bande-dessinée d'Angoulême « *Le rôle de l'État est de garantir que cette mutation du marché ait lieu dans des conditions qui permettent de maintenir une juste rémunération des différents acteurs de la chaîne, et notamment des ayant-droits,* [sic : texte officiel sous culturecommunication.gouv.fr ; "ayants droit" semble préférable mais Aurélie F. renvoie à ses collaboratrices au sujet de ses fautes sous twitter] *afin d'assurer le déploiement de modèles économiques permettant la production et la diffusion d'une offre éditoriale diversifiée.* » Je vous considère dans l'erreur : l'état n'a pas à privilégier les installés, n'a pas à bloquer le mouvement qui permettrait à un nouveau système économique, plus favorable aux auteurs, d'émerger. Quel conservatisme dans votre vision de l'état ! Vous qui avez signé des contrats d'édition, vous pensez réellement que la rémunération des auteurs soit "juste" dans la voie "traditionnelle" ? Vous pensez vraiment que l'offre éditoriale présente chez les libraires est diversifiée ?

En décembre 2011, vous déclariez encore « *J'aime l'idée qu'on peut faire de l'art sans moyens.* » Je le pense encore. Et j'ai dédié ma vie à la littérature, acceptant ainsi de vivre sous ce que nous appelons le seuil de pauvreté, depuis 1993. J'avais 25 ans, cadre dans une société d'assurance (pourtant né dans un "milieu défavorisé", agricole, premier enfant du village à obtenir le bac) j'ai négocié mon départ. Vivre sous le seuil de pauvreté me convient (en élevant quelques poules, cultivant un modeste jardin). Mais quand les charges sociales du travailleur indépendant (Urssaf, rsi...), de cette profession libérale qu'est l'auteur-éditeur, engloutissent quasiment l'ensemble des revenus, **que peut faire l'écrivain ? Quitter la France**.

Je pense avoir écrit quelques textes corrects, et faire correctement mon boulot d'écrivain, mériter ainsi un minimum de respect. Romans, essais, pièces de théâtre (certaines, parmi celles pour enfants, traduites en anglais et allemand ; mais quand l'ambassade de France en Biélorussie en fait représenter une, je ne touche pas un centime : vous pouvez féliciter l'ambassadeur d'ainsi œuvrer pour la culture française), textes de chansons (depuis 2001, je dénonce la sacem, oligarchie où le pouvoir est confisqué par moins de 5% des membres, les alliés des majors ; pourquoi aucun de mes trois "albums d'auteur" ne peut être diffusé dans ce pays où les médias suivent les majors ?). Mes photos intéressent également, un peu.

83

Pourtant, monsieur Martin Malvy, le grand homme socialiste de la région Midi-Pyrénées n'a, depuis 2002, pas daigné revoir les modalités d'attribution des bourses d'auteurs du CRL, tout en abreuvant abondamment les libraires et éditeurs, tout en fermant le salon du livre "Midi-Pyrénées" (Toulouse) aux indépendants.

La politique de la France amène les créateurs à devoir quémander des aides, car elle organise le marché au profit des intermédiaires. Exclure une profession de ces aides, c'est la condamner. Certains préfèrent penser que le talent doit se soumettre aux puissants mais ça me dérangerait de signer dans une maison du groupe Lagardère, même chez Stock, madame la romancière, Stock et les gros sabots de M. Jean-Marc Roberts qui aimerait tant un monde où les livres ne se vendraient qu'en librairies, des librairies naturellement où seuls peuvent entrer des œuvres qui passent par un distributeur contrôlé par les puissants groupes. Vous ne semblez pas avoir dénoncé cette déclaration ! Pas plus que celle de M. Arnaud Nourry sur l'auto-édition assimilée au compte d'auteur. Ces gens-là sont tellement importants pour l'édition française qu'ils peuvent balancer tranquillement ? « *Dans toute oligarchie se dissimule un constant appétit de tyrannie* » (Nietzsche) Auriez-vous signé dans une maison contrôlée par M. Ernest-Antoine Seillière ?

Il fut un temps où notre pays représentait une terre d'espoir et pour continuer d'écrire, vivre de mes ventes, je ne vois d'autre solution que l'exil, en Afrique. Dans une perspective stendhalienne, je lance mes derniers billets de loterie, un ultime essai racontant mes difficultés, le sixième roman et ouvre ma galerie www.galerie.me, plus des SOS. Oui, on peut « *faire de l'art sans moyens* » mais les marchands s'organisent pour nous rendre invisibles. Etes-vous la ministre des marchands ou celle des créateurs ?

Le "système des installés" a donc gagné : un écrivain qui ne se soumet pas aux oligarchies doit abandonner. J'ai naturellement lu "*les derniers jours de la classe ouvrière*" (après votre accession rue de Valois, roman acheté sur PriceMinister à 2 euros, donc moins cher que sa version numérique), et certes, je n'ai jamais pensé que vous alliez vous placer du côté des écrivains et adapter à notre confrérie, devant le parterre médusé du SNE, votre "*Voilà ce qui fait peur, parce que nous sommes le nombre, nous sommes la force, et eux ils sont la minorité qui nous exploite.*" "Ils sont la minorité qui nous exploite", réussirez-vous à placer cette phrase lors de l'inauguration du salon du livre de Paris ? Je vous lance ce défi ! Naturellement, vous ne m'y rencontrerez pas ! (si vous ajoutiez "*vive la révolution numérique ! vive l'auto-édition ! Vive Stéphane Ternoise en France !*" votre sortie n'en serait que plus marquante !)

Les écrivains indépendants sont les plus faibles dans l'univers du livre mais en vous plaçant du côté des puissants, vous passez du mauvais côté de l'Histoire. La révolution numérique viendra. Mon problème est de tenir jusqu'au jour où mes ventes seront suffisantes. Je tiendrai ici ou ailleurs ! Mais "être de gauche" ne signifie pas susurrer "oui monsieur" devant M. Malvy Martin ou M. Baylet Jean-Michel (que vient-il faire ici ? je vis dans le

Lot et « *la dépêche du midi* » me semble un quotidien particulier, dirigé par le président du conseil général du département voisin, également président du PRG ; qui plus est, ayant débuté par Mme Sylvia Pinel, finir par l'héritier Baylet dénote une certaine logique), cela vous rappelle « *Il faut dire que le curé l'a braqué en lui répétant qu'il devait toujours respecter les maîtres, Monsieur le Directeur et Monsieur le Maire* » *?* Vous vous souvenez de votre « *il fallait suivre la ligne du Parti. Qui n'est pas avec nous est contre nous* » ?

Je n'ignore naturellement pas les difficultés de votre charge. Comme l'a reconnu votre prédécesseur juste avant son départ : « *C'est tellement lourd et long, chaque fois qu'on bouge, ça change les habitudes et les situations acquises de tant de gens.* » Votre feuille de route exige de protéger les situations acquises ? Naturellement, vous pourriez me reprocher d'avoir sorti des citations de leur contexte, votre roman, pour les placer dans notre vraie vie mais vous qui réagissez au nom de Wendel associé à un grand espace culturel, vous n'oubliez sûrement jamais que nos vies sont imbriquées dans un ensemble plus vaste. Vous avez cette "chance" de vous retrouver dans ce ministère à une période de transition : vos décisions, encore plus que celles de vos prédécesseurs, seront décortiquées (même vos tweets !), également à l'aune de votre premier roman...

Naturellement, il est difficile de vous résumer une situation particulière, en essayant de vous démontrer qu'elle pose un problème plus vaste, celui de la place de la Culture dans notre pays, une « exception culturelle » confisquée par une oligarchie. Mon départ de France pourrait sembler une bonne chose à certains. Mais l'Histoire nous observera...

Cette année encore, les bourses du CRL Midi-Pyrénées (M. Malvy Martin, également issu d'une "grande famille" lotoise, le grand-père était ministre de la guerre en 1914 et se fit encore remarquer lors de la suivante) ainsi que les différentes aides d'état seront attribuées à des auteurs inféodés aux "éditeurs traditionnels." Vous souhaitez laisser perdurer cette distorsion de concurrence ?

Créateur de www.oligarchie.fr j'ai repris l'analyse d'Emmanuel Todd (qui rejoint les miennes mais il a la possibilité de médiatiser ses déclarations) « *la vérité de cette période n'est pas que l'État est impuissant, mais qu'il est au service de l'oligarchie.* » Tellement d'héritiers que ceux qui se faufilent entre les mailles du filet finissent par se fondre dans le moule pour ne pas être rejetés ?

Je sais bien que cette lettre ne sera pas publiée par *Libération*, ni *Le Monde*, pas même le *JDD*. Donc sa longueur ne fut pas formatée pour ces médias !

Je vous souhaite bon courage, madame Aurélie Filippetti. Je pense que certaines choses, parfois, doivent être bien difficiles. La fortune des Gallimard et Lagardère, le pouvoir des Malvy et Baylet, les médailles et les honneurs, je m'en balance complètement, ce que je souhaite, madame la ministre de la Culture, c'est simplement pouvoir écrire, lire et écrire, laisser une œuvre majeure. En France, dans le Lot, de préférence, ce département où j'ai choisi de vivre. À la campagne. Etonnant ?

Veuillez agréer, madame la Ministre, mes très respectueuses considérations.

Stéphane Ternoise
http://www.ecrivain.pro
http://www.romancier.net
http://www.dramaturge.net
http://www.essayiste.net

L'affaire Cahuzac sera-t-elle utile à la démocratie ?

Communiqué de presse publié le 2 avril 2013 par l'Elysée :

« Le président de la République prend acte avec grande sévérité des aveux de Jérôme CAHUZAC devant les juges d'instruction concernant la détention d'un compte bancaire à l'étranger. C'est désormais à la Justice d'en tirer les conséquences en toute indépendance.

En niant l'existence de ce compte devant les plus hautes autorités du pays ainsi que devant la représentation nationale, il a commis une impardonnable faute morale. Pour un responsable politique, deux vertus s'imposent : l'exemplarité et la vérité. »

Pour la contester, la vérité, il faut démontrer le mensonge, aurait pu conclure monsieur Cahuzac dans une ultime raffarinade. Quant à l'exemplarité, c'est peut-être ce que j'analyse sous le terme de déontologie dans le livre consacré à monsieur Malvy Martin.

Le lendemain, vers midi, François Hollande envoyait aux médias une déclaration enregistrée le matin, dénonçant *« un outrage à la République. »*

Le texte est "lourd" :

« J'ai appris, hier, avec stupéfaction et colère les aveux de Jérôme CAHUZAC devant ses juges.

Il a trompé les plus hautes autorités du pays : le chef de l'Etat, le Gouvernement, le Parlement et, à travers lui, tous les Français.

89

C'est une faute, c'est une faute impardonnable. C'est un outrage fait à la République. D'autant que les faits reprochés sont eux-mêmes intolérables : détenir, sans le déclarer, un compte à l'étranger.

Donc, toute la lumière sera faite.

Et c'est la Justice qui poursuivra son travail jusqu'au bout et en toute indépendance.

J'affirme, ici, que Jérôme CAHUZAC n'a bénéficié d'aucune protection autre que celle de la présomption d'innocence. Et il a quitté le Gouvernement, à ma demande, dès l'ouverture d'une information judiciaire.

C'est un choc ce qui vient de se produire parce que c'est un grave manquement à la morale républicaine. Je suis, donc, amené à prendre trois décisions qui vont dans le sens des engagements que j'avais pris devant les Français :

*D'abord, renforcer **l'indépendance de la Justice** : c'est le sens de la réforme du Conseil Supérieur de la Magistrature. Cette réforme sera votée au Parlement dès cet été. Elle donnera aux magistrats les moyens d'agir en toute liberté, en toute indépendance, contre tous les pouvoirs.*

*Ensuite, **lutter de manière impitoyable contre les conflits entre les intérêts publics et les intérêts privés** et assurer la publication ainsi que le contrôle sur les patrimoines des ministres et de tous les parlementaires. Le Gouvernement, là encore, soumettra au Parlement, dans les semaines qui viennent, un projet de loi dans cette direction.*

*Enfin, les **élus condamnés pénalement** pour fraude fiscale ou pour corruption **seront interdits** de tout mandat public.*

La République, c'est notre bien le plus précieux. *Elle est fondée sur la vertu, l'honnêteté, l'honneur.*

La défaillance d'un homme doit nous rendre encore plus exigeants, plus intransigeants, et je le serai parce que je sais ce que cela représente pour les Français cette blessure.
L'exemplarité des responsables publics sera totale.

C'est mon engagement.
Je n'en dévierai pas et les Français doivent en être certains. »

Ma première réaction ? Le doute. Je doute de la parole de mon président, oui je le reconnais, c'est très mal ! Comment pouvait-il tout ignorer ? Et... cette question de démission...

Je relis son bref communiqué du 19 mars, après la démission du ministre « *Je remercie Jérôme CAHUZAC pour l'action qu'il a conduite depuis mai 2012 comme ministre du Budget pour le redressement des comptes de la France. Il l'a fait avec talent et compétence.*
Je salue la décision qu'il a prise de remettre sa démission de membre du Gouvernement pour mieux défendre son honneur. »

Jérôme Cahuzac a-t-il quitté le Gouvernement à la demande du président comme prétendu le 3 avril ou a-t-il décidé de remettre sa démission de sa propre « décision qu'il a prise » comme prétendu le 19 mars ? Les deux ne

91

sont pas possibles, monsieur le président... Je sais bien, on formule toujours ainsi, le mec viré on prétend qu'il a donné sa démission par grandeur d'âme... même quand on est un président normal ?

Jérôme Cahuzac avait écrit : « *Par respect pour le bon fonctionnement tant du Gouvernement que de la justice, j'ai décidé de présenter ma démission à Monsieur le président de la République.*

Cela ne change rien ni à mon innocence ni au caractère calomniateur des accusations lancées contre moi et c'est à le démontrer que je vais désormais consacrer toute mon énergie.

Servir mon pays dans cette période difficile a été un honneur. Nous avons engagé des réformes courageuses et indispensables. À la place qui sera la mienne je continuerai à soutenir l'action de notre gouvernement. Je tiens à redire toute ma gratitude au président de la République et au Premier ministre pour la confiance et le soutien qui ont été constamment les leurs. »

Claude Bartolone avait « *salué la dignité de la décision de Jérôme Cahuzac qui, alors qu'il n'était pas mis en examen, a préféré protéger le gouvernement et la France plutôt que sa propre personne* ». Quelle clairvoyance. Oh, il l'a protégé, le gouvernement !

On croirait vraiment un candidat à la Présidentielle, ce François Hollande ! Il « *entend lutter de manière impitoyable contre les conflits d'intérêts.* » Où commencent les conflits d'intérêts ?

Peut-on lui faire confiance quand on se souvient de *"l'agenda du changement : du 6 mai au 29 juin 2012"*, le programme de François Hollande :
« *Signature d'une charte de déontologie et publication des déclarations d'intérêt par les membres du Gouvernement et circulaire du Premier Ministre étendant ces exigences aux membres des cabinets et plafonnant leurs effectifs.* »

En 2012, avant les présidentielles, interrogé par l'ONG *Transparence international France*, François Hollande approuvait la proposition visant à « *En finir avec les conflits d'intérêts !* » Il répondait « *Oui* » à « *Seriez-vous d'accord pour Rendre publiques des déclarations d'intérêts précises et Instaurer l'obligation de s'abstenir de participer à une décision publique en cas d'intérêts personnels liés à la question abordée* » ? Avec pour commentaires : « *Je souscris à la proposition de TI France de prévenir les conflits d'intérêts dans la vie politique en rendant publiques des déclarations d'intérêts précises et en instaurant l'obligation de s'abstenir de participer à une décision publique en cas d'intérêts personnels liés à la question abordée.* »
Pourtant Aurélie Filippetti auteur Lagardère continue à favoriser les éditeurs au détriment des indépendants. il est vrai que la compagne de monsieur Hollande travaille pour le même groupe. Aucun conflit d'intérêts ?

Couverture

Il s'agit naturellement d'une photo de l'auteur ! En lien avec Martin Malvy, pour bien marquer le lien entre cet essai et *Quand Martin Malvy publie un livre : questions de déontologie* publié le 6 avril 2013 : la place des écritures à Figeac.

Ces deux contributions constituent des interrogations nécessaires.

La charte de qualité de l'auteur indépendant

Ce livre réalisé dans l'urgence peut difficilement être nickel !

Il n'est même pas besoin d'exhiber quelques textes inutiles auto-édités pour dénigrer l'auto-édition, pratique accusée de mettre sur le marché les pires médiocrités agrémentées des fautes les plus élémentaires d'orthographe ou grammaire, parfois même avec un style d'élève en difficulté du CM1.

Il s'avère néanmoins sûrement exact que les livres vraiment auto-édités dans une démarche professionnelle (mon exclusion de "l'auto-édition réelle" des auteurs qui ne respectent pas un minimum la littérature a toujours dérangé les prétendues belles âmes du secteur pour qui « tout est littérature ») contiennent en moyenne plus de fautes que les livres des éditeurs "traditionnels".

Il ne s'agit pas forcément d'une question de qualité des auteurs mais de moyens. Même le passage par les correcteurs et correctrices professionnels ne permet pas de présenter des œuvres sans erreurs, qu'avant on appelait d'imprimerie. Mais depuis que l'imprimeur reprend un document PDF pour lancer l'impression, les éditeurs qui utilisent encore cet argument semblent miser sur la méconnaissance du grand public.

Monsieur Antoine Gallimard n'a pourtant pas de leçons de qualité à nous donner : la communauté des pirates du livre numérique s'était amusée à corriger l'ebook d'Alexi Jenni, *l'art français de la guerre*, prix Goncourt 2011. Après l'hypothèse de l'utilisation du document PDF imprimeur, mouliné par un logiciel de reconnaissance graphique pour fabriquer la version numérique, des lecteurs de la version papier ont informé le web que ces coquilles se trouvaient également dans leur épais bouquin. La faculté de corriger rapidement sur l'ensemble du circuit de distribution un ebook constitue un avantage dont la portée ne semble guère avoir été analysée. Dans cette optique, j'ai décidé de récompenser les lectrices et lecteurs qui ne se contentent pas d'une moue de déception face aux erreurs mais les communiquent, en leur offrant un livre de leur choix du catalogue, trois formats disponibles (epub, pdf, amazon). Pas de papier offert ! Seule restriction, pour une question de taille des fichiers et vitesse de connexion à Internet d'un écrivain vivant à la campagne, ne pourront être envoyés que des ebooks dont la taille n'excédera pas cinq mégas, ce qui exclut les livres de photos (sauf ceux dont le PDF reste juste en dessous de la limite possible).

Naturellement, il ne vous faut pas réclamer ce livre ni envoyer les fautes constatées (réelles ! et non les choix comme mettre au pluriel un terme habituellement invariable ou reprendre une lettre d'un personnage dont les fautes d'orthographe constituent justement une caractéristique, ou même une libre violation des temps conseillés de conjugaison !) sur la plateforme d'achat mais à la page contact de www.ecrivain.pro en spécifiant le livre de votre choix, qui vous sera envoyé par mail après vérification des informations transmises.

Fautes réelles découvertes : un livre offert, l'engagement qualité de l'auto-édition.

Cette offre s'étend à l'ensemble de mon catalogue.

Stéphane Ternoise est né en 1968. Il publie depuis 1991. Il est depuis le premier jour éditeur indépendant.

15 de ses livres sont disponibles en papier dos carré collé via un « tirage en grande quantité » (2500 maximum)

La Révolution Numérique, le roman, le combat, les photos, 2013

Théâtre pour femmes, 2010

Ils ne sont pas intervenus (le livre des conséquences), roman, 2009

Théâtre peut-être complet, théâtre, 2008

Global 2006, romans, théâtre, 2007

Chansons trop éloignées des normes industrielles et autres Ternoise-non-autorisé, 2006

Théâtre de Ternoise et autres textes déterminés, 2005

La Faute à Souchon ?, roman, 2004

Amour - État du sentiment et perspectives, essai, 2003

Vive le Sud ? (Et la chanson... Et l'Amour...), théâtre, 2002

Chansons d'avant l'an 2000, 120 textes, 1999

Liberté, j'ignorais tant de Toi, roman, 1998

Assedic Blues, Bureaucrate ou Quelques centaines de francs par mois, essai, 1997

Arthur et Autres Aventures, nouvelles, 1992

Éternelle Tendresse, poésie, 1991

http://www.livrepapier.com propose d'autres livres, imprimés à la demande.

Versant numérique...

http://www.ecrivain.pro essaye d'être complet, avec un "blog" (je préfère l'expression "une partie des chroniques"). Mais il ne peut naturellement pas copier coller l'ensemble des textes présentés ailleurs. En ebooks, mes principales publications peuvent se diviser en trois versants : romans, essais, pièces de théâtre (il existe aussi des recueils de chansons et des livres de photos de présentation du Sud-Ouest).

Comprendre le développement numérique de la littérature m'a permis d'obtenir les domaines :

http://www.romancier.net

Peut-être un roman autobiographique y est à la une. Ce sont les lectrices et lecteurs qui décident de la vie d'une œuvre. Ce roman bénéficie d'excellentes critiques, régulières... mais de ventes lentes ! Un roman sûrement plus difficile d'accès que la moyenne. Pour un lectorat exigeant. La formation d'un écrivain ? La résilience, passée par l'amour, les amours.

http://www.dramaturge.net

Mes pièces de théâtre sont désormais parfois jouées. Elles sont toutes disponibles en ebooks.

http://www.essayiste.net

Le monde de l'édition décrypté, comme dans *Écrivains, réveillez-vous ? - La loi 2012-287 du 1er mars 2012 et autres somnifères ou Le livre numérique, fils de l'auto-édition.* Mais également l'amour analysé dans une perspective stendhalienne avec création du concept de sérénamour, *Amour - état du sentiment et perspectives* et la politique nationale, ses grandes tendances, ses personnages principaux...

Les 4 meilleures ventes d'un écrivain indépendant...

Ecrivain engagé dans le numérique, militant de l'ebook, c'est sur Amazon que se concrétisent mes meilleures ventes.

Elles sont présentées page
http://www.ecrivain.pro/meilleuresventes20120712.html

1) *Peut-être un roman autobiographique*
Le cinquième roman. Porté par de très bonnes critiques... reste en ventes lentes... mais quotidiennes...

2) *Le guide de l'auto-édition numérique en France (Publier et vendre des ebooks en autopublication)* (édition actualisée du 22 février 2012)
Il s'est (logiquement) imposé comme LA référence. Malgré certains critiques (bizarrement d'amis d'auteurs qui proposent un guide concurrent ?) je suis, quand même, le seul auteur pouvant s'appuyer sur vingt années d'expérience de l'auto-édition, de l'indépendance souhaitée.

3) *Le livre numérique, fils de l'auto-édition*
Une compréhension de la révolution du livre numérique, inscrite dans l'auto-édition historique qui n'est jamais parvenue à briser les barrières mises en place devant les médias pour que ne puissent être vues les œuvres indépendantes.

99

4) *Comment devenir écrivain ? Être écrivain ? (Écrire est-ce un vrai métier ? Une vocation ? Quelle formation ?...)* Tout écrivain en herbe se doit de lire cette approche publiée fin juin 2012... Les lectrices et lecteurs qui souhaitent "comprendre" un écrivain peuvent naturellement s'y confronter ?

Catalogue numérique :

Romans : (http://www.romancier.net)
Ils ne sont pas intervenus (le livre des conséquences) également en version numérique sous le titre Peut-être un roman autobiographique
La Faute à Souchon ? *également en version numérique sous le titre* **Le roman du show-biz et de la sagesse (Même les dolmens se brisent)**
Liberté, j'ignorais tant de Toi également en version numérique sous le titre Libertés d'avant l'an 2000)
Viré, viré, viré, même viré du Rmi
Quand les familles sans toit sont entrées dans les maisons fermées
Ebook : trois romans pour le prix d'un livre de poche

Théâtre : (http://www.theatre.wf)
Théâtre peut-être complet
La baguette magique et les philosophes
Quatre ou cinq femmes attendent la star
Avant les élections présidentielles
Les secrets de maître Pierre, notaire de campagne
Deux sœurs et un contrôle fiscal
Ça magouille aux assurances
Pourquoi est-il venu ?
Amour, sud et chansons
Blaise Pascal serait webmaster

Aventures d'écrivains régionaux
Trois femmes et un amour
La fille aux 200 doudous et autres pièces de théâtre pour enfants
« Révélations » sur « les apparitions d'Astaffort » Jacques Brel / Francis Cabrel (les secrets de la grotte Mariette)
Théâtre 7 femmes 7 comédiennes - Deux pièces contemporaines
Théâtre pour femmes
Pièces de théâtre pour 8 femmes
Onze femmes et la star
Scènes de campagne, scènes du Quercy - Pièce de théâtre en onze tableaux avec six hommes et quatre femmes, distribution minimale 3H2F
Ebook pas cher : 15 pièces du théâtre contemporain pour le prix d'un livre de poche

Photos : (http://www.france.wf)
Cahier de photographe 2012 - Les cents photos de l'année d'un utopiste indépendant
Montcuq, le village lotois
Cahors, des pierres et des hommes. *Photos et commentaires*
Limogne-en-Quercy Calvignac la route des dolmens et gariottes
Saint-Cirq-Lapopie, le plus beau village de France ?
Saillac village du Lot
Limogne-en-Quercy cinq monuments historiques cinq dolmens
Beauregard, Dolmens Gariottes Château de Marsa et autres merveilles lotoises
Villeneuve-sur-Lot, des monuments historiques, un salon du livre... -Photos, histoires et opinions
Henri Martin du musée Henri-Martin de Cahors - Avec visite de Labastide-du-Vert et Saint-Cirq-Lapopie sur les traces du peintre

*L'église romane de Rouillac à Montcuq et sa voisine oubliée, à
découvrir - Les fresques de Rouillac, Touffailles et Saint-Félix
Golfech, c'est beau un village prospère à l'ombre d'une
centrale nucléaire - Visite au pays de Jean-Michel Baylet et
Sylvia Pinel*

Livres d'artiste (http://www.quercy.pro)
Quercy : l'harmonie du hasard - Livre d'artiste 100%
numérique
Les pommes de décembre - Livre d'art du sud-ouest

Essais : (http://www.essayiste.net)
*Le manifeste de l'auto-édition - Manifeste politico-littéraire
pour la reconnaissance des écrivains indépendants et une saine
concurrence entre les différentes formes d'édition*
*Écrivains, réveillez-vous ? - La loi 2012-287 du 1er mars 2012
et autres somnifères*
Contrairement à Gérard Depardieu, dois-je quitter la France ?
Exil littéraire au Burkina Faso pour les écrivains ?
Le livre numérique, fils de l'auto-édition
*Aurélie Filippetti, Antoine Gallimard et les subventions contre
l'auto-édition - Les coulisses de l'édition française révélées
aux lectrices, lecteurs et jeunes écrivains*
*Le guide de l'auto-édition numérique en France
(Publier et vendre des ebooks en autopublication)*
*Réponses à monsieur Frédéric Beigbeder au sujet du Livre
Numérique (Écrivains= moutons tondus ?)*
*Comment devenir écrivain ? Être écrivain ?
(Écrire est-ce un vrai métier ? Une vocation ? Quelle
formation ?...)*
*Copie privée, droit de prêt en bibliothèque : vous payez,
nous ne touchons pas un centime - Quand la France
organise la marginalisation des écrivains indépendants*
Ebook de l'Amour
Amour - état du sentiment et perspectives

Chansons : (http://www.parolier.info)
Chansons trop éloignées des normes industrielles
Chansons vertes et autres textes engagés
68 chansons d'Amour - Textes de chansons
Chansons d'avant l'an 2000
Parodies de chansons
  De Renaud à Cabrel En passant par Cloclo et Jacques Brel

En chti : (http://www.chti.es)
Canchons et cafougnettes (Ternoise chti)
Elle tiote aux deux chints doudous (théâtre)

Politique : (http://www.commentaire.info)
Quand Martin Malvy publie un livre : questions de déontologie
Ce François Hollande qui peut encore gagner le 6 mai 2012 ne
le mérite pas (Un Parti Socialiste non réformé au pays du
quinquennat déplorable de Nicolas Sarkozy)
Nicolas Sarkozy : sketchs et Parodies de chansons
Bernadette et Jacques Chirac vus du Lot - Chansons théâtre
textes lotois
Affaire Ségolène Royal - Olivier Falorni Ce qu'il faut en
retenir pour l'Histoire - Un écrivain engagé, un observateur
indépendant
François Fillon, persuadé qu'il aurait battu François Hollande
en 2012, qu'il le battra en 2017 (?)

Notre vie (http://www.morts.info)
La trahison des morts : les concessions à perpétuité
discrètement récupérées - Cahors, à l'ombre des remparts
médiévaux, les vieux morts doivent laisser la place aux
jeunes...
Cahors : Adèle et Marie Borie contre Jean-Marc Vayssouze-
Faure - Appel à une mobilisation locale et nationale pour
sauver les sœurs Borie...

Jeux de société (http://www.lejeudespistescyclables.com)
La France des pistes cyclables - Fabriquer un jeu de société pour enfants de 8 à 108 ans

Autres :
La disparition du père Noël et autres contes
J'écris aussi des sketchs
Vive les poules municipales... et les poulets municipaux - Réduire le volume des déchets alimentaires et manger des oeufs de qualité

Œuvres traduites :

La fille aux 200 doudous :
The Teddy (Bear) Whisperer
Das Mädchen mit den 200 Schmusetieren

Le lion l'autruche et le renard :
The Lion, the Ostrich and the Fox

Mertilou prépare l'été
The Blackbird's Secret

Catalogue complet des ebooks de Stéphane Ternoise sur http://www.ecrivain.in ou sur les plateformes qui le distribuent.

Table

Mentions légales

Tous droits de traduction, de reproduction, d'utilisation, d'interprétation et d'adaptation réservés pour tous pays, pour toutes planètes, pour tous univers.

Site officiel : http://www.ecrivain.pro

Présentation des livres essentiels : http://www.utopie.pro

Pour en savoir plus : *Contrairement à Gérard Depardieu, dois-je quitter la France ? Exil littéraire au Burkina Faso pour les écrivains ? - Les conséquences des politiques d'Aurélie Filippetti, Martin Malvy, Gérard Miquel, François Hollande et les autres*

Dépôt légal à la publication au format ebook du 8 avril 2013.

Imprimé par CreateSpace, An Amazon.com Company pour le compte de l'auteur-éditeur indépendant.
livrepapier.com Depuis le 20 novembre 2013

ISBN 978-2-36541-472-2
EAN 9782365414722
Ya basta Aurélie Filippetti ! - *Ça suffit Aurélie Filippetti Ministre de la Culture en contrat avec un éditeur traditionnel* de Stéphane Ternoise
© Jean-Luc PETIT - BP 17 - 46800 Montcuq - France

www.ingramcontent.com/pod-product-compliance
Lightning Source LLC
Chambersburg PA
CBHW052051270326
41931CB00012B/2711